영알못,
외항사 승무원&
1등 영어강사 된
공부법

영알못, 외항사 승무원& 1등 영어강사 된 공부법

장정아 지음

서사원

"당신이 꿈을 꿀 수 있다면, 그 꿈을 이룰 수 있습니다."

"If you can dream it, you can do it."

월트 디즈니

꿈을 꿀 수 있다면, 그 꿈을 이룰 수 있습니다

"If you can dream it, you can do it."

디즈니의 창립자 월트 디즈니Walt Disney, Walter Elias Disney가 한 말이다. 나는 그의 말을 빌려 다음과 같은 말로 이 글을 열고자 한다.

"당신이 꿈을 꿀 수 있다면, 그 꿈을 이룰 수 있습니다."

대학교 4학년 시절에 '외국 항공사 승무원'이라는 꿈을 가졌다. 하지만 설렘도 잠시, 승무원 면접에 통과하려면 영어를 잘해야 한다는 사실에 좌절했다. 그때의 나는 "How are you?"라는 간단한 질문에도 쉽게 대답할 수 없었던 '영알못영어를 알지 못하는 자'이었기 때문이다. 영어를 처음부터 차근차근 공부하는 방법 외에 다른 공부 방법은 알지 못했다. 그러다 문득 이런 생각이 들었다.

'나처럼 영어와 담을 쌓고 지냈던 사람이 외국 항공사 취업에 성공한 경우는 없을까?'

만약 있다면 그 사실만으로도 꿈에 도전해볼 용기가 생길 것 같았다. 그 후로 하루도 빠짐없이 인터넷에서 외국 항공사 합격 사례 및 면접에 관련된 정보를 검색했다. 대형 서점에 가서도 그와 관련된 모든 책을 샅샅이 훑어봤다. 안타깝게도 내가 원하는 정보를 담은 책은 찾아볼 수 없었다.

나는 다짐했다. 내가 원하는 목표를 꼭 이루어서 훗날 해외 취업을 희망하는 사람들에게 용기를 주고 가슴을 뛰게 해주는 책을 쓰겠다고. 그때의 다짐이 현재 이 책을 쓰게 된 계기이기도 하다.

2011년 6월. 끈질긴 노력과 도전 끝에 드디어 카타르 항공 승무원 면접에 최종 합격했다. '영알못', '순수 국내파', '무스펙'이었던 내가 100:1의 경쟁률을 뚫고 당당히 입사했다.

화려한 경력이나 스펙도 없이 어떻게 꿈을 이룰 수 있었을까? 그것은 바로 '간절함'과 '의지'의 힘 때문이었다. 흔히 간절히 바라면 이루어진다고 말한다.

하지만 간절한 마음만 가지고서는 저 멀리 있던 꿈이 내 곁으로 성큼 다가오지 않는다. 그 마음에는 단짝 친구처럼 꼭 붙어 다니는 '의지'라는 녀석이 있어야 한다. 꿈을 이루고 싶은 마음이 너무도 절실하였기에, 실천으로 옮기고자 한 나의 의지 역시 강했다고 말할 수 있다.

이 책은 내가 면접에 합격하기까지 겪었던 수많은 시행착오와 끈기를 가지고 도전했던 과정에 대해 자세히 다루고 있다. 또한, 잘 알려지지 않은 승무원 직업에 관한 이야기와 비행기라는 한정된 공간 안에서 겪은 흥미로운 에피소드도 담았다.

책의 중반부에는 '영알못'이 외국 항공사 승무원과 영어회화 강사가 될 수 있었던 영어 공부법과 승무원 면접에 통과할 수 있었던 노하우들을 아주 상세하게 소개했다. 해외 항공사 승무원을 꿈꾸는 지원자뿐만 아니라 해외 취업을 희망하는 사람들에게도 매우 유익한 책이 될 것으로 생각한다.

이 기회를 빌려 승무원 지망생들에게 꼭 해주고 싶은 말이 있다. 항공사에 최종 합격하는 것만이 전부가 아니라고 말이다. 승무원이라는 꿈이 출발점이 되어야지 종착점이 되어서는 안 된다. 합격하는 순간부터 제3의 삶을 그려보고 계획하길 바란다.

마지막으로 이 책이 출간되기까지 애써주신 서사원 장선희 대표님께 감사 인사를 드리고 싶다. 그리고 내가 하고자 하는 일에 늘 물심양면으로 지원을 아끼지 않는 남편과 부족한 엄마를 세상에서 가장 잘 따르는 아들 우진에게 사랑한다고 말하고 싶다.

나와 여동생을 낳아주시고 사랑으로 키워주신 부모님께도 이 책을 빌려 다시 한 번 감사하고 사랑한다는 말을 전하고 싶다. 멀리 제주도에서 늘 아낌없는 응원을 보내주시는 시부모님과 다른 가족들에게도 고마움을 전한다.

2019년 11월

장정아 드림

| 차례 |

chapter 1

스물다섯,
세상의 모든 하늘을 날다

스물둘, 항공사 승무원이
되기로 결심하다

"정아야, 이것 좀 일본어로 통역해줘."

2007년 여름. 나는 일본 규슈 지역에 있는 사가대학에서 전공 연수 프로그램에 참여하고 있었다. 중학생 때 한일 합작 그룹 가수인 Y2K를 좋아하게 되면서 일본어 공부를 시작했다. 그 뒤로도 10년 동안 일본어 공부에 대한 끈을 놓지 않았다. 덕분에 나는 연수팀 내에서 통역사로 불릴 수 있었다.

수업 첫 시간에는 교수님과 학생들 앞에서 자기 소개하는 시간을 가졌다. 그런데 그때마다 나는 정신없이 바빠졌다. 20여 명의 연수팀 사람들이 너나 할 것 없이 나에게 달려왔기 때문이다. 자기 소개 내용을 일본어로 번역하고 읽는 법도 한글로 적어달라고 부탁했다. 솔직히 귀찮을 때도 많았다. 특히 몸이 피곤할 때는 '아, 제발 날 그만 좀 내버려 두었으면…' 하는 생각도 들었다. 하지만 한

편으로는 내가 마치 우리 연수팀 사람들과 사가대학 학생, 교수님들 사이를 잇는 소통의 다리 같은 존재처럼 느껴졌다.

일본 전공 연수 프로그램을 통해 나는 많은 것을 배웠다. 그중 가장 신선했던 점은 바로 일본과 우리나라 사이의 문화 차이였다. 하루는 일본의 한 스시 가게에서 연수팀 회식을 가졌다. 날것을 잘 먹지 못하는 나는 내 초밥을 주위 사람들에게 권유했다. 그리고 젓가락으로 초밥을 집어 사람들에게 나누어 주었다. 그러자 식당 직원이 화들짝 놀라면서 나의 행동을 제지했다. 너무 당황한 나머지 한순간 얼음처럼 굳어버렸다. 영문을 모르겠다는 얼굴로 직원과 친구의 눈을 번갈아 보았다. 그런 내게 식당 직원이 말했다.

"한국에서는 젓가락에서 젓가락으로 음식을 전해주는 것이 흔한 일일 수 있겠지만, 일본에서는 절대로 해서는 안 되는 행동입니다."

그 이유가 궁금했지만, 왠지 물어볼 수 없었다. 그저 하면 안 되는 행동이라고 하니 더는 같은 행동을 반복하지 않았다.

숙소로 돌아오자마자 노트북을 켜고, 왜 일본에서는 젓가락으로 음식을 전해주면 안 되는지 검색해보았다. 이유는 다음과 같았다. '일본에서는 죽은 사람의 유골을 젓가락에서 젓가락으로 옮긴다. 그러므로 젓가락으로 음식을 전달하는 행위는 죽은 사람의 유골을 옮기는 것을 연상시킨다.'

생각할수록 신기했다. 한국과 일본은 지리적으로도 매우 가깝고

서로의 생김새도 상당히 비슷하다. 그런데 작은 행동 하나에도 문화 차이가 존재하니 말이다. 그리고 문득 이런 생각이 들었다.

'이 지구상에 존재하는 수많은 나라는 내가 태어난 대한민국과 어떻게 다를까? 세상의 모든 사람들은 어떤 모습으로 살아갈까?'

나의 전공은 생명공학이다. 당시 동기들은 대학원 진학을 당연한 이치로 여겼다. 나도 그들처럼 대학원에 가기 위해 담당 교수님의 실험실에서 하루하루를 보내고 있었다. 하지만 시간이 지날수록 내가 이 길을 정말 원하는지 의구심이 들었다. 내 미래는 잿빛처럼 어둡기만 했다. 그러던 어느 날 일본의 한 식당에서 처음으로 세상에 대한 호기심을 갖게 된 것이다.

일본에서의 연수를 마치고 한국으로 돌아가던 날이었다. 그날 비행기 안에서 내 꿈이 시작되었다. 다양한 국적의 손님들과 눈을 마주치며 따뜻한 미소로 서비스를 하던 승무원의 모습에 매료된 것이다. 가슴이 뛰기 시작했다. 세계 곳곳을 다니며 다양한 지구 사람들을 만날 수 있는 승무원. 이 일은 내 호기심을 충분히 해결해 줄 수 있는 직업이라는 것을 직감했다. 그리고 나는 항공사 승무원이 되기로 마음먹었다.

한국으로 돌아오자마자 승무원이 되기 위한 조사에 흠뻑 빠져들었다. 오로지 승무원이 되겠다는 일념뿐이었다. 예쁜 스카프를 목에 메고 멋진 유니폼을 입은 채 세상을 여행하는 상상을 하니 절로 웃음이 나고 콧노래가 나왔다.

히지만 그 즐거움은 잠시뿐이었다. 생각지도 못했던 난관에 부딪혔다. 국내 항공사 승무원이 되기 위해서는 키가 162cm 이상이 되어야 한다는 것이다. 나는 160cm가 조금 안 되었다. 가슴이 먹먹했다. 내가 노력해서 극복할 수 있는 부분이 아니었기 때문이다. 마치 실연을 당한 기분이었다. 어쩔 수 없이 원래의 자리로 다시 돌아가야만 했다. 그렇게 가슴이 뛰지 않은 채로 실험실 생활을 계속해 나갔다. 좋은 꿈을 꾸다 깨버린 것 같은 기분이었다.

그 후 1년이란 시간이 흘렀다. 대학교 4학년 1학기가 끝나갈 때쯤, 우연히 한 TV 프로그램을 보게 되었다. 해외에서 당당히 커리어를 쌓은 자랑스러운 한국인을 취재한 다큐멘터리였다. 어떤 여자가 눈과 피부, 머리 색깔이 다른 다양한 사람들과 함께 당당하게 일하고 있었다. 그녀는 아랍 소재의 항공사에서 근무하는 최초의 한국인 사무장이었다. 나는 능숙한 영어로 동료들과 대화하는 그녀의 모습에 반해버렸다. 가슴이 터질 것 같았다. 저 멋진 여자 분은 도대체 어떻게 외국 항공사, 그것도 아랍 항공사의 승무원이 된 건지 궁금했다.

"100여 개국 사람들과 의사소통이 돼야 해요. 당연히 영어회화 실력은 갖추셔야 합니다. 그렇지만 모델처럼 큰 키를 요구하진 않습니다. 저희 항공사 기준으로는 157cm 이상이면 되거든요."

나는 그녀의 말에 집중했다. 내 인생의 터닝 포인트가 되는 순간이었다. 다음 날 이른 아침부터 콧노래를 부르며 실험실로 향했다. 그리고 곧바로 교수님께 면담 신청을 했다. 교수님은 무슨 일인지 궁금해 하시는 눈치였다.

"교수님. 저, 하고 싶은 일이 생겼어요. 그런데 실험실 일과는 전혀 관련 없는 일이에요. 그래서요, 이제 실험실에 나오지 못할 것 같습니다."

교수님은 어이없다는 표정으로 나를 쳐다보셨다. 나도 적잖이 당황했다. "잘됐네, 축하해."라는 말을 기대한 것은 아니었다. 하지만 이렇게까지 무안하게 보실 줄은 몰랐기 때문이다. 한참 뒤, 교수님께서는 다시 한 번 진지하게 고민해 보라며 말리셨다. 하지만 소용없었다. 이미 내 가슴은 뛰고 있었기에.

1학기 기말고사가 끝나고 성적이 나왔을 때 나는 또 한 번 당황했다. 늘 A+가 있었던 자리에 B-가 있었기 때문이다. 실험실을 나간 대가였다. 하지만 내가 달성하고 싶은 목표를 위해 대가를 치른 것뿐이라고 생각했다. '성공하려면 정확히 무엇을 달성하고 싶은지 결정하고 그것을 얻기 위한 대가를 치를 결심을 해야 한다.'라는 벙커 헌트Nelson Bunker Hunt의 말처럼 말이다. 그러자 금세 기분이 괜찮아졌다.

실험실을 나온 후 한국인을 채용하는 외국 항공사를 모조리 검색했다. 그리고 항공사마다 지원하는 방법을 찾아 조사하기 시작했다. 인터넷만 있으면 뭐든 할 수 있는 세상이다. 그렇지만 합격 전략까지 세우기에는 내공이 현저히 부족했다. 전문 기관의 도움이 필요했다. 당시에는 승무원 양성 아카데미들이 한참 활성화되던 시기였다. 하지만 유명 아카데미는 모두 서울에 있었다.

가장 끌리는 한 학원에 전화를 걸어 상담을 신청했다. 학원 측에서는 내가 제주도에 살고 있다고 하니 아쉬워했다. 또 직접 만나서 내 이미지를 보고 싶다고 말했다. 상담을 받기 위해 망설임 없이 제주와 서울을 하루 만에 왕복하는 일정을 잡았다. 상담을 다녀온 후에는 승무원이라는 꿈이 더욱더 간절해졌다.

그런데 제주도에서는 승무원이 되기 위해 도움을 받을 곳이 전혀 없었다. 한참을 고민한 뒤, 엄마에게 일방적으로 선포했다.

"엄마, 승무원 준비하러 서울로 가야겠어."

엄마는 잠시 생각하시더니 말씀하셨다.

"학교 수업은 어떻게 하고?"

나는 기다렸다는 듯이 답했다.

"4학점만 이수하면 돼. 사이버 수업으로 2과목 들을 수 있으니까, 굳이 학교에 안 가도 돼."

스물두 살이 되던 해, 그렇게 나는 항공 승무원이 되기로 결심했다.

준비할 것이
이렇게 많을 줄이야

2008년 10월 김포공항 도착장.

"엄마, 나 왠지 꼭 꿈을 이룰 수 있을 것 같은 느낌이 들어. 얼른 꿈을 이뤄서 엄마 호강시켜줄게!"

마치 대단한 결심이나 한 듯 비장한 얼굴로 엄마에게 말했다. 그리고 수하물을 찾은 뒤 택시를 타고 홍대입구역으로 향했다.

서울로 떠나오기 전날 밤잠을 설쳤다. 비행기에서도 잠을 청했지만 쉽게 잠이 오지 않았다. 아마 새로운 도전에 대한 기대감과 걱정 때문이었을 것이다. 그래도 전혀 피곤하지 않았다. 30분 후 홍대입구역 근처에 도착했다. 종이에 대충 그려 둔 약도를 보면서 내가 지낼 곳을 향해 한 걸음씩 내디뎠다. 좁은 골목에 들어서자 여기저기 원룸들이 많이 보였다. 그리고 곧 5층짜리 빌딩이 눈에 들어왔다.

'내가 살 곳이 바로 저기구나.'

짐을 대충 정리하고 근처를 둘러보았다. 제주도와는 달리 높은 빌딩들이 빽빽하게 들어서 있는 서울의 모습이 신기했다. 도로는 마치 주차장처럼 보였다. 왕복 8차선 차도 위에 셀 수 없이 많은 자동차들이 있었다. 낯선 도시의 풍경은 내가 우물 밖으로 나왔다는 것을 증명해 주는 듯했다. 그렇게 꿈에 부푼 제주 소녀의 서울살이가 시작되었다.

집에서부터 걸어서 5분 정도 거리에 '○○○승무원양성아카데미'가 있었다. 그 당시 꽤 유명했던 학원이었다. 대부분의 외국 항공사 면접 대행도 맡아서 했다. 학원 출신의 합격자들이 나온 홍보 영상을 보고, 주저 없이 이곳을 선택했다. 내 꿈에 날개를 달아줄 곳인 것만 같았다. 그리고 나의 유일한 안식처가 되리라 생각했다.

등록을 위해 먼저 상담 선생님을 만났다. 선생님은 상담이 시작되자마자 마치 대사를 외운 듯 말을 쏟아냈다.

"정아 씨는 이미지도 너무 좋고 웃는 얼굴이라서 아마 1차는 무조건 될 거예요. 키는 조금 작은 편이지만 외항사는 암리치바닥에서 손끝까지의 길이 212cm에 닿기만 하면 돼요. 영어는 어차피 면접 준비하면서 다 늘게 되어 있어요. 준비 기간에 아르바이트도 가볍게 하시면 아마 최종면접 준비할 때 큰 도움이 될 거예요. 그리고 치아 교정 중이신데, 교정기 끼고도 붙은 학생들 많아요. 마음에 들면 다

뽑아가니까 지금 제가 말한 것들은 전혀 걱정할 필요 없어요."

상담 선생님의 말씀을 듣고 나니 그저 학원 수업만 들으면 어느 외국 항공사든 무난하게 합격할 수 있을 것만 같았다. 곧바로 엄마가 주신 신용카드를 꺼내 등록을 하겠다고 나섰다. 이때만 해도 나는 몰랐다. 선생님의 말씀이 나에게 큰 위기를 선사하게 될 줄. 오히려 서울에 오길 정말 잘했고, 이 학원에 다니게 된 것도 천운이라 생각했다.

그러나 하늘이 맺어준 운명이라 믿었던 내 생각은 며칠 지나지 않아 완전히 산산조각이 나버렸다. 내가 마주한 현실은 훨씬 처절했기 때문이다.

당시에는 중동 항공사에서 거의 매달 채용을 진행했다. 하지만 수업만 들으면 자연스럽게 해결될 것 같았던 키, 서비스 경력, 치아 교정, 영어 실력은 내게 가장 큰 장벽이 되어버렸다. 걱정할 필요 없다는 말과는 달리 이 4가지 모두 채용 기준에 못 미쳤다.

첫 번째 장벽은 키였다. 정확히 말하면 키는 기준에 맞았지만, 암 리치가 기준 미달이었던 것이다. 당시 중동 메이저 항공사들의 키 기준은 국내 항공사보다 낮은 '157cm 이상'이었다.

하지만 까치발을 하더라도 손끝이 닿는 높이가 212cm는 되어야 했다. 학원 한쪽 벽에는 212cm가 되는 지점에 선이 그어져 있었다. 나는 발가락 끝에 온 힘을 다 주어 힘껏 손을 뻗어 보았다. 하지만 손끝은 기준선에서 1~2cm 정도가 모자라는 곳에 닿아 있었다. 당황스러웠다.

'암리치가 안 되면 면접 볼 자격조차 주어지지 않는데 이걸 어떻게 늘린담?'

뒤에서 지켜보던 상담 선생님은 스트레칭을 열심히 하면 해결될 문제니 너무 걱정하지 말라며 다독여주셨다. 하지만 그 뒤로도 합격하는 그 순간까지 나를 제외하고 암리치로 걱정하는 지원자는 볼 수 없었다.

두 번째 장벽은 서비스 경력이 없다는 것이었다. 면접관들도 최소 6개월 이상은 일을 해야 경력으로 인정해준다. 대학교 1학년 방학 때 집 앞에 있는 카페에서 고작 몇 달 아르바이트해본 경력이 전부였던 나는 큰 고민에 빠졌다.

최종면접에서는 서비스 경력 위주로 심도 있는 질문을 하기 때문이다. 꼬리에 꼬리를 무는 질문에 대비할 에피소드가 턱없이 부족했다. 내 짧은 경력으로는 도저히 면접을 준비할 수 없을 것 같았다.

세 번째 장벽은 중동 항공사는 치열을 중요하게 여긴다는 점이었다. 상담 선생님은 내게 이렇게 말했다. 국내 항공사에는 치아 교정기를 붙인 상태에서 합격한 사람들이 종종 있다고 말이다.

다시 말해 상담 선생님은 국내 항공사 합격 사례를 얘기한 것이었다. 그러나 외국 항공사, 특히 중동 쪽은 상황이 완전히 달랐다. 중동 항공사에서는 치열이 고르지 않거나 교정기를 끼고 있는 지원자를 합격시켜주는 경우가 거의 없었다.

당시 나는 교정치료가 끝나려면 약 1년 반이라는 시간을 더 기다려야 했다. 그러니까 1년 반 동안은 면접도 제대로 못 볼 수 있다는 얘기였다. 정말 절망적인 상황이었다.

마지막 장벽은 영어 실력이었다.

"면접 준비를 하다 보면 영어는 저절로 늘어요."

상담 선생님이 해준 얘기가 귓가에 자꾸 맴돌았다. 그때마다 나는 뒤통수를 한 대 심하게 얻어맞은 기분이 들었다. 영어는 결코 저절로 늘지 않는다는 것을 깨달았기 때문이다. 토익점수 600점대 초반인 내 영어회화 실력은 'Hello. I am Jung Ah' 정도밖에 할 줄 모르는 수준이었다.

외국 항공사에서는 영어회화 실력으로 상중하 중에서 '상'을 요구한다. 그것이 채용 기준이다. 나는 가장 낮은 수준인 '하'에 속했다. 하에서 상까지 올려야 했다. 내게 영어는 4가지 장벽 중에서도 가장 큰 장벽이었다.

하루는 학원에서 영어 인터뷰 수업을 듣고 있었다. 한 명씩 앞으로 나와서 실제 면접처럼 질문에 답해보는 방식으로 진행되었다. 그런데 내 차례가 다가오자 강사님이 갑자기 다른 학생들에게 부탁하듯 말했다.

"○○씨, ○○씨. 정아 씨가 엉어를 좀 못하니까 옆에서 노와줘요."

나는 자존심이 많이 상했다. 너무 부끄러워서 고개를 들 수가 없었다. 그분의 배려는 오히려 나에게 상처가 되었다. 결국 그날 이후 수업에 나가지 못했다. 어차피 수업도 제대로 못 따라가고 집중도 안 될 테니 수강을 포기해도 상관없다고 생각했던 것이다.

문득 제주도에 계신 부모님 얼굴이 떠올라 눈물이 났다. 멀쩡히 대학원에 갈 준비를 하던 딸이 어느 날 갑자기 승무원이 되겠다며 서울로 간다고 했을 때 아무 말 없이 지원해주셨던 분들이었다. 부모님의 얼굴이 계속 눈앞에 아른거렸다. 걱정하고 계실 부모님을 생각하니 바보같이 눈물만 흘리고 있을 수 없었다. 그렇다. 가시에 찔리지 않고 어떻게 장미꽃을 모을 수 있겠는가? 이 기회를 발판 삼아 다시 힘을 내 본격적으로 승무원 준비에 뛰어들었다.

노력해야 할 부분들을 하나도 빼놓지 않고 종이에 적어 내려갔다. 꽤 많은 부분을 내 의지만으로 바꾸어야 했다. 적어놓고 보니 한눈에 알 수 있었다. 그 리스트를 눈에 잘 띄도록 책상 앞에 붙여놓았다. 그리고 매일 하나씩 실행에 옮겼다. 우선 4가지 큰 장벽을 중점적으로 노력해보기로 했다. 가장 신경 썼던 부분은 암리치 늘리기와 영어 공부였다.

암리치를 늘리기 위해 방 한쪽 벽에 212cm가 되는 지점에 선을 그었다. 그리고 아침저녁으로 손을 뻗어 연습했다. 그때마다 조급한 마음에 좌절하기도 했다. 하지만 열심히 연습하면 좋아지리라 생각하며 마음을 다잡았다. 한편 서비스 경력을 쌓기 위해 홍대입구역 근처 커피빈에서 아르바이트를 시작했다.

치아교정기는 조금이나마 덜 보이도록 안쪽으로 바꾸어 설치했다. 원래 다니던 치과가 제주도에 있어서 한 달에 한 번은 제주도로 가야만 했다. 고작 30분 정도의 치료를 위해 매달 제주도로 가는 것이 힘들었지만, 나에게는 분명한 목표가 있었기 때문에 그렇게 큰 문제가 되지 않았다.

가장 큰 장벽이었던 영어는 학습에 필요한 자료를 찾거나 여러 책을 읽으며, 나만의 방식으로 열심히 공부했다. 피나는 노력 끝에 영어 실력은 내 생각을 전달하는 데 무리가 없을 정도로 향상되었다. 1년 후, 그제야 슬슬 면접을 봐도 되겠다는 생각이 들었다.

나는 외국 항공사 승무원이 되기 위한 첫걸음부터 반복된 좌절에 상처를 입었다. 하지만 그 어려움이 없었다면 오히려 나태해져 금방 흥미를 잃었을 것이다. 결국에는 큰 걸림돌이 되었던 4가지 장벽이 내게 좋은 채찍질이 된 셈이었다.

면접에 쉽게 합격한 사람들은 곧잘 이렇게 말한다. "다 운인 것 같아요. 저는 한두 번 만에 합격했어요." 하지만 나는 이 말에 전혀 공감하지 못한다. 나는 운이 따라줄 만한 실력도, 상황도 안 되었기 때문이다. 실력을 쌓기 위해 수많은 시간과 노력을 투자했다. 나는 운이 아니라, 처절한 노력으로 지금 이 자리까지 왔다. 하나부터 열까지, 머리부터 발끝까지 노력하지 않아도 되는 부분은 하나도 없었다.

첫 면접 실패
오기가 생기다

　나의 유일한 낙은 승무원 지망생들이 가입하는 인터넷 카페를 방문하는 것이었다. 나와 같은 꿈을 꾸고 있거나 이미 꿈을 이룬 사람들의 이야기를 들을 수 있었기 때문이다. 도무지 내가 잘하고 있는 건지, 얼마나 더 내 감정이 휘몰아쳐야 하는 건지 알 수 없을 때 지친 내 마음을 잠시 쉬어갈 수 있게 해주었다. 카페의 검색기록 창에는 '암리치', '영어 공부'로 검색한 흔적이 가득했다.

　혹시라도 나와 비슷한 영어 실력과 키를 가진 사람이 합격한 경우가 있을지도 모른다는 생각에 수년 전 글까지 찾아보곤 했다. 하지만 조바심을 낼수록 걱정만 늘어갈 뿐이었다. 머리가 터질 지경이었다. 머리를 싸매고 끙끙 앓아봤자 달라질 것은 없었다. 그렇게 애끓는 시간을 보내고 있을 때였다.

　'카타르 항공 채용 소식'

제목부터 한눈에 들어왔다. 다행히 교정 치료를 막 끝낸 상태였다. 게다가 영어 실력도 내가 하고 싶은 밀은 편하게 할 수 있을 정도의 수준이 되었다. 첫 도전장을 내밀기로 결심했다.

채용 소식 글을 천천히 읽어 내려갔다. 내가 다니던 학원이 카타르 항공 1차 면접을 맡아서 진행한다고 했다. 듣던 중 반가운 소식이 아닐 수 없었다. 보통 1차 전형 합격자 반 이상이 학원 출신이기 때문이다. 떨리는 마음으로 카타르 항공사 채용에 지원했다.

그리고 2주 후, 1차 면접에 합격했다는 문자를 받았다. 처음으로 이 학원에 등록한 것이 후회되지 않았다. '인생은 한방!'이라는 말처럼 단 한 번에 합격할 수도 있겠다는 생각에 가슴이 두근거렸다. 지난 1년의 노력이 헛되지 않았음을 확인하고 싶었다.

2차 면접 날이 밝았다. 메이크업과 헤어 스타일링을 위해 아침 일찍 이대 앞의 여러 헤어숍들이 위치한 곳으로 향했다. 이른 아침이라 대학가 거리는 조용했다. 새벽의 찬 공기가 채 걷히지 않아 적막감마저 도는 거리에는 익숙한 모습의 사람들이 몇 보였다. 말하지 않아도 알 것 같았다. 분명 그들도 '아, 면접 볼 사람이구나!' 하고 같은 생각을 했을 것이다.

핑크빛 면접 의상에 맞추어 아이 메이크업과 입술도 핑크색으로 한껏 꾸몄다. 거울 속에 비친 내 모습을 보고 있으니 꼭 다른 사람 같았다. 유니폼만 입으면 정말 승무원처럼 보일 것 같았다.

이번 면접은 스리랑카, 폴란드 출신의 면접관 두 분이 진행을 맡았다. 본격적인 면접을 시작하기 전에 우리는 회사를 소개하는 영상을 시청했다. 카타르 항공 유니폼을 입은 승무원들이 화면에 나왔다. 모두 영상 속의 카타르 항공 승무원들을 동경하는 눈빛으로 바라보았다. 좋아하는 가수의 콘서트에 온 것 같은 기분이었다.

잠시 후 화면 속에서 카타르 항공의 비행기가 보였다. 그 순간 일본에서 한국으로 돌아가던 2년 전 그날이 생각났다. 비행기 안 승무원들의 모습에 가슴이 터질 듯했던 나의 모습이 함께 그려졌다. 합격하고 싶은 마음이 더욱 커져갔다. 마치 카타르 항공에 합격만 한다면 낯선 중동 땅에서 어떤 고난과 역경을 겪어도 감당할 수 있을 것 같았다.

비디오를 시청한 후 바로 필기시험이 시작되었다. 그리고 필기시험 중에 암리치도 함께 이루어졌다. 면접관들은 지원자들을 순서대로 한 명씩 불렀다. 호명된 지원자는 앞으로 나가서 한쪽 벽에 그어진 212cm 높이의 선에 손을 쭉 뻗은 후 면접관과 간단한 질의응답을 나누었다.

필기전형에는 시간 읽는 법, 시차 계산하기 등 다양한 문제가 출제되었다. 지난 1년간 영어 공부에 많은 노력을 기울인 덕분에 필기시험은 그렇게 어렵지 않았다.

막힘없이 문제를 풀어 내려가고 있을 때였다. 드디어 면접관이 내 번호를 불렀다. 가슴이 뛰기 시작했다. 조금 전 회사 홍보 영상을 볼 때와는 다른 가슴 두근거림이있다. 심장이 쿵쿵거리는 소리가 내 귀에까지 들렸다.

긴장감을 애써 감추기 위해 활짝 웃으며 자리에서 일어섰다. 앞으로 걸어 나가자 동시에 두 면접관의 시선이 나를 향했다. 머리부터 발끝까지 샅샅이 살펴보는 시선이 온몸으로 느껴졌다. 자연스럽게 행동하려는 의지와는 달리 걸음걸이가 점점 이상해지고 있었다. 다리에 힘이 풀린 듯했다. 그리고 심장은 더욱 심하게 요동치고 있었다.

면접관은 이미 나에 대한 모든 파악이 끝났을 것이다. 그들은 오랜 기간 동안 하루에 수천 명씩 면접을 봐온 분들이 아닌가. 아무리 당당한 척을 해도 간이 콩알만 해졌다는 것을 숨길 수는 없었을 것이다.

"How are you?"

면접관이 먼저 내게 인사를 했다. 그러자 윗입술이 심하게 경련을 일으켰다. 머릿속이 하얘졌다. 그동안 연습했던 자연스러운 인사 표현들이 한순간에 싹 날아가버렸다. 나는 면접관의 눈도 제대로 쳐다보지 못한 채 대답했다.

"I, I am fine. and, and you?"

첫인사부터 자신 없는 모습을 보이고 말았다. 무척 당황스러웠다. 도저히 면접에 집중할 수가 없었다. 조금 전 내가 실수한 장면에서 빠져나오지 못하고 있었다. 그때 면접관이 암리치를 재자며 한쪽으로 오라고 손짓을 했다.

212cm에 그어진 선을 향해 오른쪽 손을 뻗었다. 3초간 침묵이 흘렀다. 뒤돌아 면접관 얼굴을 보았다. 그녀의 표정은 212cm에 내 손끝이 충분히 닿지 않는다고 말을 해주고 있었다. 절망적이었다.

"어차피 암리치가 안 돼 떨어지겠지. 그냥 경험 삼아 보는 거야."

면접을 보기 전, 나는 친구들에게 이런 말을 하곤 했다. 사실 면접에 큰 기대를 하지 않았기 때문이다. 하지만 막상 면접이 시작되자, 내가 했던 말과 달리 욕심이 생겼다. 암리치를 재는 순간, 초인적인 힘을 발휘해서 통과되길 바랐다. 절망감도 잠시, 면접관이 계속 질문을 이어갔다.

"OK. Ms. JANG. What is that bruise on you leg?"

'Bruise가 뭐지?' 난생처음 듣는 단어였다. 'What'과 'leg'만 알아들을 수 있었다. 어리둥절한 표정으로 면접관의 얼굴과 내 다리를 번갈아 쳐다보았다. 어쩔 줄 몰라 두리번거리며 곧 울 것 같은 표정의 지원자를 보고 있자니 면접관도 무척 당황한 모양이었다.

"OK. You may go back."

면접관은 무표정으로 그만 자리로 들어가도 좋다고 했다. 필기 시험을 마무리해야 했지만, 좌절감에 아무것도 할 수 없었다.

'내가 면접관이라도 안 뽑았을 거야. 말도 못 알아듣는데 뽑아 놓는다고 갑자기 영어를 잘하게 되시는 않을 테니까.'

예상대로 2차 면접을 통과하지 못했다. 자존심이 무척 상했다. 마치 다음은 없을 것 같았다. 집으로 돌아와 곰곰이 생각했다. 마음을 추스르고 나니 오히려 도전에 첫발을 내디딘 나 자신에게 고마웠다. 결과를 떠나서 스스로가 대견하게 느껴졌다. 1년 전의 나보다 지금의 내가 많이 발전했기 때문이다. 그리고 면접 실패에 대한 이유를 다른 각도로 해석했다.

주된 요인은 영어 울렁증, 부족한 영어 실력, 간당간당한 암리치였다. 영어 공부와 암리치만 신경 써서 될 것은 아니었다. 면접관 앞에 서는 순간 사시나무처럼 떨던 내가 있었다. 필수적으로 영어 울렁증을 극복해야 한다는 것을 알게 되었다.

비록 첫 면접에는 실패했지만 이를 통해 중요한 점을 배웠다. 앞으로 몇 번이나 더 전쟁을 치르게 될지 모르지만, 그 시간만큼 단단해질 거라 믿었다. 아니, 오기가 생겼다.

'성공하고자 하는 의지가 강하다면, 실패 따위가 나를 압도
할 수 없다.'_오그 만디노

끝까지 발목 잡는
영어 울렁증

　A라는 친구가 있었다. 면접 스터디 모임에서 알게 된 친구였다. A와 나는 외모가 닮았고 영어 실력도 비슷했다. 그래서인지 우리는 금방 친해졌다. 함께 꿈을 이루기 위해 노하우를 공유하며 서로의 든든한 지원자가 되었다.

　이번에도 카타르 항공 채용 소식이 들렸다. A와 나는 간절한 마음으로 함께 지원했다. 약 한 달 뒤, 남들이 보기에도 쌍둥이처럼 모든 것이 비슷했던 우리가 맞이한 결과는 완전히 반대였다. 그녀는 카타르 항공 최종 합격이라는 명예를 누렸다. 그리고 나는 두 번 연속 2차 전형에서 탈락했다. 나는 불합격했다는 사실을 믿을 수 없었다.

　'내가 A와 다른 점은 무엇일까? A가 합격한 데에는 분명히 나와 다른 점이 있을 거야.'

A가 합격할 수 있었던 이유를 찾아보기로 했다. 가장 먼저 A의 장점들을 적어 내려갔다. 얼마 지나지 않아 내가 왜 실패를 반복했는지 알 수 있었다. 내게 불합격을 안겨준 결정적인 요소는 바로 영어 울렁증이었다.

어린 시절 심한 무대 공포증을 겪은 적이 있었다. 초등학교 2학년 학예회 때 시를 낭독한 적이 있다. 처음에는 아무 생각이 없었다. 하지만 무대 위에 오르자, 갑자기 모든 사람들이 나를 보고 있다고 느꼈다. 무서웠다. 견디기 힘들었다. 이내 목소리가 떨렸고 마이크를 잡고 있던 손은 경련을 일으켰다. 결국 겁에 질려 무대 위에서 울음을 터뜨리고 말았다. 그 뒤로 학교에서 발표하는 순간이 가장 두려웠다.

5학년이 되면서 공포심을 극복하기 위해 시조창을 배우러 다녔다. 하지만 나는 시조창 선생님과 단둘이 있을 때조차 긴장했다. 제대로 창을 부르지도 못했다. 하루는 선생님이 말씀하셨다.

"정아야, 누구나 처음에는 완벽할 수 없어. 연습하다 보면 어느새 즐기는 순간이 올 거야."

용기를 얻은 나는 여름방학 동안 매일 3시간씩 연습했다. 처음에는 힘들었다. 그러나 시간이 지나자 다른 학생들 앞에서도 떨지 않고 시조창을 할 수 있게 되었다. 그다음 학기에 전국 시조창 대회에 출전했다. 거짓말처럼 1등을 했다. 그렇게 해서 무대 공포증과 영원히 이별했다고 믿었다.

길을 묻는 외국인에게 고개를 절레절레 흔들며 손사래를 치는 사람을 본 적이 많다. 한국에서는 이런 상황을 어렵지 않게 볼 수 있다. 행여 어설프게나마 영어로 도와주는 사람을 보고는 이렇게 수군거리기도 한다.

"쟤는 무슨 용기로 저러는 걸까?" "듣는 내가 창피하다!"

도대체 왜 이런 현상들을 자주 보게 되는 걸까? 한국인이 모국어가 아닌 영어를 완벽하게 하지 못한다는 것은 자연스러운 일인데도 말이다. 이는 우리나라 문화 중 체면을 중시하는 부분과 관련 있다. 한국인들은 완벽하지 않은 영어는 열등한 것으로 인식하기 때문이다. 그래서 사람들의 시선을 의식하고 부족한 부분을 드러내는 것에 민망함을 느끼게 되는 것이다. '영어 울렁증'이라는 말이 생긴 이유도 이러한 사회 분위기 탓이다.

어릴 적 이별했다고 믿었던 공포증이 어른이 된 내게 영어 울렁증으로 다시 찾아왔다. 승무원 면접 스터디를 하면서부터였다. 나는 스스로 부족한 부분을 너무 잘 알고 있었다. 그런데 완벽하지 않은 부분들을 스스로 인정하고 받아들이기는 정말 어려웠다. '못 하면 어때?' 하고 대수롭지 않게 넘기기보다는 열등감 때문에 다른 준비생들에게 무시당할 것만 같았다.

부족한 영어 실력이 탄로 날까 봐 두려웠다. 그리고 사람들이 나를 암리치도 안 되면서 무슨 승무원을 하겠다는 건지 의심하는 눈초리로 보는 것 같았다. 주위의 걱정들은 나를 긴장하게 만들었다. 한번 긴장하면 스터디에 전혀 집중할 수 없었다. 온몸이 바들바들 떨렸다. 영어 한마디를 제대로 할 수 없을 정도였다.

하지만 A는 나와 달랐다. 내가 붉게 상기된 얼굴을 한 채 머쓱한 웃음만 보이는 동안, A는 마치 수상 소감을 발표하는 여배우처럼 우아함과 당당함을 보여주고 있었다. 그렇다. A는 마음의 평성을 잃지 않는 아주 부러운 능력을 갖고 있었다.

이대로라면 나는 꿈을 이루기는커녕 면접의 첫 번째 관문조차 통과할 수 없을 것만 같았다. 어디서부터 어떤 식으로 바뀌어야 하는지, 도대체 어떻게 하면 강철 심장이 될 수 있는지 누군가 속 시원하게 말 좀 해줬으면 했다. 면접도 보기 전에 벌써 벼랑 끝에 몰린 기분이었다.

하루는 답답함에 멍하니 천장을 바라보며 있었다. 그리고 초등학교 5학년 때 무대 공포증을 극복한 경험을 떠올렸다. 열두 살의 나는 스무 세 살의 나보다 훨씬 용감하고 도전적이었다. 그때의 마음가짐으로 돌아가 보기로 했다. 내면의 나약한 나를 다독여 영어 울렁증이라는 공포에 맞서 싸울 수 있도록.

자신감을 되찾기 위해 직장인들이 모이는 영어 스터디에 참여했다. 신촌역 근처에서 진행되던 '컬처 콤플렉스Culture Complex'라는 모임이었다. 물론 처음에는 많이 긴장했다. 여전히 온몸이 경직되고 곧 울 것 같은 사람처럼 목소리에 떨림이 가득했다. 그럴 때마다 마음속으로 내게 말을 걸었다.

'이 사람들은 나를 판단하러 온 사람들이 아니야. 그리고 충분히 잘하고 있어. 무서워하지 말자.'

두려움 속에 나 자신을 내던지고 또 다독이고를 몇 번이나 반복했다. 하루, 일주일, 한 달, 두 달, 그렇게 내 안의 나를 키워갔다. 드디어 자신감 있는 나 자신을 만날 수 있었다. 완벽하지는 않지만, 영어로 최선을 다해 토론하고 있었다. 그 이후로는 스터디가 늘 기다려졌다. 일주일에 3일, 3시간씩 진행되던 스터디를 단 한 번도 지겹다고 느끼지 않았다. 오히려 즐거웠다.

심지어 사람들과 영어로 대화하는 것에 재미를 느끼자 욕심이 생겼다. 이제는 한국 사람이 아닌 원어민과 영어로 얘기하고 싶어졌다. 또 면접관들의 국적이 다양해서, 미리 대비해 두는 편이 좋을 것 같았다.

원어민 선생님과 1:1로 진행하는 수업을 듣고 싶었다. 그러나 수업료가 생각보다 상당히 비싸서 혼자서는 도저히 감당할 수 없었다. 대학까지 졸업한 딸을 뒷바라지하시느라 이미 고생이 많으시고, 매달 용돈까지 주시는 부모님께 더 이상 손 벌리기 죄송했다.

경제적 측면에서 유리한 그룹 수업도 있었지만, 나에겐 '외국인과 영어로 말할 수 있는 시간의 양'이라는 기준이 더 중요했다. 결국 고민 끝에 부모님께 도움을 요청하기로 결심했다. 죄송스러운 마음보다 꿈을 향한 간절함이 더 중요했기 때문이다.

'가장 강한 사람은 스스로를 통제할 수 있는 자다'라는 말이 있다. 긴장감에 나 자신이 통제되지 않았던 순간이 늘 나를 괴롭혔다. 하지만 포기하지 않았다. 어린 시절을 되짚어 무대를 두려워했던 내 마음속의 아이를 다시 만났다. 시독한 연습을 거쳐 어느새 단단해진 그 시절의 나를 본 것이다.

보통 무한한 가능성과 능력에 대한 자기 확신이 사라지면 자신을 받아들일 수 없게 되기도 한다. 그때는 나를 인정하고 다독이는 것에 집중하자. 제자리걸음 하는 듯 늘 그 자리에서 맴도는 느낌이 들 때도 있을 것이다. 하지만 그 시간이 쌓여야 다음 단계로 넘어갈 수 있다. 내 안에는 커다란 우주가 존재한다. 그 우주를 팽창시키기 위해서는 수없이 나를 단련시켜야 한다는 것이다. 그렇게 더 강해지는 것이다. 끝까지 내 발목을 잡았던 영어 울렁증이 오히려 나를 더욱 강한 사람으로 만들어주었듯이 말이다. 약점 앞에 무릎 꿇지 말자. 반드시 극복할 수 있다.

한국에서 어학연수를?
영어 통역 가이드가 되다

"보스턴에서 어학연수 1년 하고 왔어요."

"미국에서 고등학교를 졸업했어요."

스터디 모임에서 만난 승무원 준비생들은 너나 할 것 없이 서로 어깨에 힘을 한껏 주었다. 자신들의 화려한 해외 경험을 자랑하기 위해서였다. 나는 해외파 앞에서 내세울 이력 하나 없었다. 그래서 초라한 스펙의 지원자라고 여겼다. 해외 경험이라고 해봤자 일본에 고작 몇 개월 다녀온 것이 전부였기 때문이다.

그들 틈에 있는 나 자신이 옥석같이 흰 모래밭에 어쩌다가 굴러 들어온 까만 돌 같다고 느꼈다. 승무원에 합격해서도 마찬가지일 것 같았다. 유학 경험도 없이 다양한 나라 사람들과 어떻게 일할 수 있을지 정말 막막했다. 이제 와서 영어 공부하러 해외로 가겠다고 부모님께 도움을 요청할 수도 없는 노릇이었다.

한국인들은 미국에 대한 동경심을 갖고 있다. 아마도 우리의 삶 곳곳에 미국에 대한 문화 사대주의가 스며들어 있기 때문일 것이다. 수많은 학부모들이 미국에서 들여온 영어 교육법이라고 하면 아이의 미래를 책임져줄 것이란 기대로 우르르 몰려드는 것처럼 말이다.

'메이드 인 아메리카'라고 하면 일단 묻고 따지지도 않고 엄지를 치켜세우는 사람들, 어떻게든 미국으로 유학을 가야만 꼭 성공한다고 믿는 사람들이 있다. 나 또한 그랬다. 미국에서 공부를 하고 와야 취업이 잘 될 것이라 믿고 있었다.

하루는 카타르 항공에 합격한 지인으로부터 전화를 받았다. 영어 통역 가이드로 일하던 곳에 후임자를 구해야 한다며 내게 일해볼 생각이 없냐는 제안이었다. 다양한 국적의 손님들을 만나다 보면 어학연수 효과를 볼 수 있을 것이라고 말했다.

그녀의 말은 메말라 있던 내 마음을 가뭄 속의 단비처럼 촉촉이 적셔주는 것 같았다. '국내파'라서 늘 불리하다고 생각했던 나는 비록 미국 유학은 아니지만, 이 기회만이 나를 구원해줄 유일한 방법이라고 믿었다. 그리고 마음속으로 외쳤다.

'해외로 갈 수 없으면, 한국에서 어학연수를 하면 되지!'

그때는 몰랐다. 이 경험이 내 잠재력에 불을 지펴주리라곤. 내가 맡을 투어 손님들의 국적은 미국, 필리핀, 베트남, 싱가포르 등 다양했다. 그들은 한국을 경유하는 8시간 동안 서울을 여행하는데, 나는 그들의 서울 여행을 책임지는 통역 가이드 역할을 하게 된 것이다. 회사로부터 투어 장소에 대한 설명 자료를 받았다. 영어로 번역된 파일이었다. 스크립트를 처음부터 끝까지 읽고 나니 실감이 났다. 45명의 외국인들을 책임지고 인솔한다는 사실이 피부로 와닿았다. 어깨가 무거워졌다. 내가 투어를 망치면 한국에 대한 이미지와 기억이 좋지 않게 남을 것 같았다. 무조건 연습만이 살길이라 생각했다.

A4 용지 7장 분량의 투어 스크립트를 외우기 시작했다. 처음에는 쉽지 않았다. 조금 전 외웠던 문장도 돌아서면 금세 기억이 나질 않았다. 혹시 기억력이 나빠진 것은 아닌지 의심했다. A4 1장을 외우는 데 꼬박 3일이 걸렸다. 남은 6장을 도대체 어떻게 외워야 할지 앞이 캄캄했다. 겨우 암기한 내용도 자고 일어나면 기억 속에서 사라질까 봐 두려웠다. 연습 말고는 방법이 없었다.

마음을 다잡고 3일 동안 겨우 외운 1장의 스크립트를 눈을 감고 여러 번 반복해서 외웠다. 지루해질 만큼 횟수가 늘어나니 변화가 일어났다. 머릿속으로 수없이 되뇌며 입으로 뱉어내던 문장들이 어느새 생각하지 않고도 말할 수 있게 된 것이었다.

'어?! 신기하네. 아까까지만 해도 기억이 전혀 안 났는데, 이제는 술술 말하게 되네!'

7분의 1밖에 되지 않는 분량이었지만 작은 성취감 같은 것을 느꼈다. 성취감은 자신간을 갓게 했고 재미를 느끼게 해줬다. 이이시 다음 분량을 외웠다. 이번에도 처음에는 쉽지 않았다. 하지만 처음 1장을 외웠을 때보다 속도가 확실히 빨라졌다. 달리는 말에 채찍질 하듯, 매일 첫 번째 장부터 외우기 시작해서 점점 2장, 3장, 4장으로 늘려나갔다. 그렇게 약 20일 동안 7장의 영어 스크립트를 외울 수 있었디.

내 생에 첫 투어는 긴장감 속에서 진행되었다. 아니나 다를까 중간에 대사가 갑자기 생각나지 않았다. 대본을 힐끔 보면서 겨우 대사를 이어갔다. 손님들은 아슬아슬한 눈빛으로 쳐다보았다. 긴장한 투어 가이드가 보기 민망한지 고개를 들지 못한 손님도 몇 명 있었다. 신입이라는 것을 눈치 챈 것 같았다. 우여곡절 끝에 자다가도 이불 킥을 날릴 만한 첫 투어가 그렇게 끝이 났다.

처음부터 뭐든 완벽하게 하는 사람은 없다. 그러나 하루빨리 발전하고 싶었다. 완벽해지고 싶었다. 손님의 입장이 되어 객관적으로 나를 분석해 보았다. 손님들과 전혀 교감하지 않았던 것을 깨달았다. 소통이 아니라 일방적인 통보를 한 것과 마찬가지였다. 마치 외운 스크립트를 테스트 받듯이 빨리 끝내려고만 했다. 2018 평창 동계올림픽 유치의 주역이었던 나승연 대변인은 이렇게 얘기한다. 교감이 없는 일방적인 프레젠테이션은 짝이 없는 장갑과 같다고.

그렇다면 효과적인 전달을 위해서는 어떻게 해야 할까? 내용의 완벽한 숙지는 물론이고 전달력을 높이는 말하기 방법이 필요하다. 영어의 리듬감을 익혀야 하고 말투, 표정, 제스처와 같은 비언어적인 요소에도 무게를 주어야 한다.

로봇이 아니라 한국을 소개하는 진짜 영어 통역 가이드가 되고 싶었다. 머리로만 대본을 외우지 않고 말하는 연습에 집중했다. 매끄러운 진행을 위해 유튜브를 시청하거나 TED 영상을 찾아보았다. 보는 이마저 빨려들게 만드는 힘을 가진 연설자들을 보면서 그들의 프로페셔널한 표정과 제스처를 연구했다. 그리고 거울을 보며 말투, 표정 등을 그대로 따라하는 연습을 했다.

이제는 거울이 아니라 손님들을 상대로 말하는 내 모습이 궁금했다. 이때 가장 효과를 봤던 방법은 셀프 촬영이었다. 스피치 하는 내 모습을 촬영해 모니터하며 분석했다. 미처 몰랐던 불필요한 행동들이 많이 보였다.

반복해서 연습하고 또 연습했다. 어느새 영상 속에서 보던 강연자들의 표정을 제법 비슷하게 흉내 내고 있었다. 투어를 즐길 수 있을 만큼 자신감이 생겼고, 나만의 애드리브도 구사할 수 있게 되었다.

노력은 여기서 멈추지 않았다. 대본이 익숙해지면서 똑같은 내용을 전달하는 것이 지루하게 느껴졌다. 말하는 사람의 감정은 듣는 이들에게 그대로 전달된다고 했다. 즐거운 마음으로 가이드 일을 하고 싶었다. 그래서 대본을 나만의 스타일로 바꾸어 보기로 했다. 매일 아침 영자신문을 보며, 한국에서 이슈가 되고 있는 내용들을 찾아 읽었다. 영자신문에 나온 표현들을 나만의 문장으로 바꿔서 그날 하고 싶은 얘기를 대본에 추가했다.

당시 2010년 월드컵이 한창이었다. 그리스 전에서 한국이 이긴 다음 날이었다. 투어를 시작하기 전에 월드컵에 관한 얘기를 했다.

"Guys! I am so happy today and I have two reasons. First one is I am here with you guys and next one is South Korea beat Greece yesterday! Yeah!"

나의 감정이 그대로 전달되었는지 손님들은 함께 박수를 쳐주었다. 호응이 꽤 좋았다. 대본이 업그레이드될수록 영어 작문 실력도 나날이 향상되었다. 더불어 45명의 외국인을 인솔하며 겪게 되는 다양한 상황들을 해결할 수 있는 문제 해결 능력까지 생겼다.

혼자 외국인들을 책임지고 서울 투어를 한다는 것 자체가 나에게는 무모한 도전이었다. 하지만 그 어떤 어학연수보다도 값진 시간으로 만들었다. 어느새 외국인과 영어로 말하는 상황을 일상처럼 자연스럽게 받아들이는 나를 발견했다. 어학연수를 1년 다녀온 친구들의 자신감과 비교해봤을 때 나의 영어 수준과 자신감 또한 별 차이가 없었다.

성공하는 사람들은 자신이 바라는 환경을 만들기 위한 방법과 수단을 결단코 찾아낸다. 나는 숨 막히고 어둡기만 했던 길 한가운데에 있었다. 그럼에도 오직 희망만 있을 것이라고 생각했다. 나만의 전략으로 나만의 길을 만들어갔다. 그리고 그 길의 끝에서 내가 바라는 환경을 찾아낼 수 있었다.

소설가이자 비평가인 조지 버나드쇼George Bernard Shaw, 1856~1950는 말했다. '발견하지 못하면 자기가 만들면 되는 것이다.' 주변 환경 때문에 취업하기 힘들다는 생각에서부터 탈출해야 한다. 그런 다음 철저한 전략으로 취업에 맞서면 된다. 취업은 전략 싸움이다. 시간이 조금 걸리더라도 전략을 하나씩 이뤄나가면 된다. 결국 상황은 내가 만드는 것이다.

면접 보러
중국까지 날아간 사연

암리치가 하루의 기분을 좌지우지했다. 매일 아침마다 손을 쭉 뻗어 손끝이 선에 닿았는지 안 닿았는지를 다이어리에 체크해두었다. '어제는 됐는데 오늘은 안 되네'로 희비가 엇갈렸다. 영어 울렁증은 시간과 노력을 투자한 결과, 오로지 내 힘으로 극복할 수 있었다.

하지만 암리치는 아직도 나를 힘들게 했다. 밤마다 부질없는 생각을 곱씹으며 쉽게 잠들지 못하게 만들었다. 겨우 잠이 들어도 꿈에서 발끝에 힘을 꽉 주고 손을 뻗는 내 모습이 자주 보였다. 그렇게 매일 똑같은 하루가 스쳐가고 있었다.

'2010년 홍콩 드래곤 항공 채용 설명회'

드디어 반가운 채용 소식이 들렸다. 합격하면 '별들이 소곤대는' 홍콩의 매력을 마음껏 즐길 수 있다는 생각이 앞섰다. 암리치에 대한 걱정을 잠시 접어두고 주저 없이 지원했다.

드래곤 항공 1차 면접 날. 212cm 암리치 측정이 진행되었다. 여전히 닿을 듯 말 듯했던 212cm의 높이. 하늘도 내가 가여웠던 것일까? 이번에는 힘겹게 닿아서 간신히 통과되었다. 그리고 기적적으로 최종 면접을 볼 수 있는 기회가 주어졌다. 최종 면접 문턱에 조차 가보지 못했던 나는 최종 관문까지 갔다는 사실만으로도 날아갈 듯이 기뻤다. 남들이 보면 합격이라도 한 줄 알았을 것이다. 한 달이 지나도록 골든 콜이 오지 않았다는 사실을 겪기 전까지는 말이다.

소식을 묻는 지인들에게는 대수롭지 않게 웃어 보였지만 속은 누군가 내 가슴을 짓밟고 서 있는 것처럼 답답했다. 사람의 마음은 참 간사하다. 최종 면접만이라도 보게 해달라며 빌던 수많은 밤들은 다 없어진 일이 되어버린 것 같았다.

나의 마음은 어느새 기대감과 합격에 대한 욕심으로 가득 차 있었다. '이번에는 정말 될 것 같았는데, 역시 안 되는 걸까?'라는 생각이 머릿속을 떠나지 않았다. 암리치가 안 돼서 혹은 영어를 못해서 떨어졌을 때와는 차원이 다른 충격이었다. 부모님께 실망스러운 결과를 전해야 한다고 생각하니 이대로 사라져버리고 싶었다.

나중에 학원 관계자로부터 들은 얘기로는 기존에 20명을 뽑을 예정이었는데 항공사 사정이 어려워지면서 5명만 뽑기로 했다는 것이다. 뽑고 싶었지만, 합격 통보를 하지 못한 15명 안에 내가 들어간 건지 아닌지도 모르는 채 마음을 접어야 했다. 사실 1년이 지나서야 합격 전화를 받았다. 이미 카타르 항공 승무원이 되어 말레이시아에 머물고 있던 때였다.

해가 바뀌어 어느덧 스물다섯이 되었다. 스물다섯이 되도록 취업하지 못한 딸을 뒷바라지해주시는 부모님 보기가 죄송스러웠다. 생각보다 주변 사람들이 내 일상에 관심이 많다는 사실에 새삼 놀라곤 했다.

도대체 사람들은 내가 면접 본 것을 어떻게들 알았는지 줄기차게 연락해왔다. 그럴 때마다 걱정해주는 것인지, 오히려 내 상황을 위안 삼아 본인들의 삶에 만족하려는 건지 알 수 없었다. 회의감이 들었다. 자격지심에 주위 사람들과의 연락도 점점 끊게 되었다. 나와 같은 처지에 있는 지인 몇 명 외에는 일절 연락하지 않았다.

벚꽃이 만개한 어느 봄날, 나와 동갑인 사촌의 결혼 소식을 들었다. 엄마는 전화기 너머로 굳이 알고 싶지 않은 얘기들을 하셨다. 스물여섯에 안정된 직장을 다니고 착실한 신랑감을 얻은 사촌을 칭찬하는 얘기였다. 꼭 참석하라는 말에 별의별 생각이 다 들었다. '내가 무슨 죄라도 지었나? 왜 이런 기분이어야 해?' 사촌 결혼식에 가는 길이 학창시절 교무실로 끌려가는 기분과 같았다.

4월의 신부는 참으로 예뻤다. 나는 '언제쯤 번듯한 직장과 행복한 결혼이라는 두 마리 토끼를 잡을 수 있을까?' 이런 생각을 했다. 이미 이 둘을 이룬 사촌이 부럽다 못해 질투가 타올랐다. 차라리 안 보면 괜찮을 텐데, 기어이 결혼식에 참석해서 내 모습과 비교하고 있었다. 괴로운 마음에 누가 건드리기라도 하면 울음이 터질 것 같은 표정을 하고 있는 나에게 마치 다들 기다렸다는 듯이 한 마디씩 하셨다.

"그래, 얼마 전에 홍콩 항공사 면접 봤다면서?" "경쟁률이 세지? 힘들겠구나."

걱정과 관심이 처음에는 고맙다가 갈수록 부담스러워졌다. 견디기 힘들었다. 내가 어떤 상황인지, 무슨 이유로 자꾸 떨어지는지에 대해 한 명 한 명에게 말하다 보면, 지금 왜 이런 변명을 해야 하는 건지 회의가 들었다. 이런 모습을 지켜보던 부모님의 마음은 오죽했을까. 그날 저녁, 아빠는 결심하신 듯 입을 떼셨다.

"이번 상반기까지만 도전해보고 다른 길 찾아봐."

나는 완전히 무너졌다. 처음으로 부모님 앞에서 큰 소리로 엉엉 울었다. 그동안 참아온 서러움이 터진 것이다. 상반기까지 그러니까 고작 석 달 안에 결판을 지어야 했다. 채용이 한 달에 한 번씩 있었던 것도 아니었기에 미래가 정말 막막했다. 이대로 꿈을 포기해야 하는 것은 아닐까? 아무도 대답해줄 수 없는 의문들이 돌고 돌아 내 마음을 갈가리 찢어놓았다.

이 상황을 어떻게든 벗어나고 싶은 마음이 간절했다. 도움이 필요했다. 하지만 친구들과의 연락도 끊긴 지 오래였다. 친구들이 종종 안부를 물었으나 내가 대답을 하지 않는 경우가 대다수였기 때문이다. 유일하게 위로받을 수 있었던 사람은 나와 비슷한 상황을 겪고 있는 친한 지인 P였다. P에게 전화를 걸었다. 내 얘기를 듣던 P가 드디어 해줄 말을 하게 되었다는 말투로 얘기를 시작했다.

"사실 면접 보러 아무한데도 말하지 않고 아부다비에 다녀왔어."

"아부다비요? 거기서 면접을 봤다고요?"

그리고 이어지는 P의 말,

"정아야. 너는 아직 마지막 숙제를 하지 않았어. 면접 보러 해외 정도는 가줘야지. 그래야 할 수 있는 건 다 해봤다고 말할 수 있지 않겠어?"

다시 가슴이 뛰었다. 그리고 곧장 카타르 항공 홈페이지를 통해 전 세계에서 진행되는 면접 일정을 체크했다.

'중국 광저우. M호텔. 면접 일시 2011년 6월 ○일.'

그래 이거야! 2주 뒤에 있을 면접을 위해 비행기 티켓을 결제했다. 그리고 면접이 진행되는 호텔에서 묵기로 하고 숙박 예약도 마쳤다. 모든 것이 일사천리였다.

P의 말 한 마디가 나를 중국까지 달려가게 해주었다. 이번 기회가 진짜 마지막이 될 것 같았다. 직감이 그랬다. 성공이냐 실패냐

이 두 가지 결과 중 어느 쪽이든 후회하지 않기로 했다. 합격하면 더할 나위 없이 좋겠지만, 혹시 실패하더라도 즐겁게 혼자만의 여행을 하고 돌아올 계획이었다. 그리고 승무원이라는 꿈은 접어 두었을 것이다. 끝까지 도전해본 것만큼 가치 있는 경험은 없기에 후회는 없을 것이라 생각했다. 그렇게 plan A와 plan B를 가지고 중국으로 떠났다.

힘들수록 내가 바라는 삶은 더 또렷하고 확실해진다. 아빠의 폭탄 선언이 나에게 시련이라고 생각했다. 그러나 이 시련은 원하는 것을 향해 달려가게 하는 강한 힘을 주었다.

당신도 혹시 시련을 겪고 있는가? 그렇다면 당신은 그 시련을 통해서 꿈에 한 발짝 더 다가갈 수 있다. 꿈을 이루는 장면을 마음속에 생생하게 그려보자. 마음의 그림 속에서 면접관의 목소리를 듣고 나의 제스처를 실제처럼 보면 가슴이 뛰는 것을 느낄 수 있다. 그 강한 떨림은 오랜 기다림 속에서도 당신을 행복하게 버틸 수 있게 만들어줄 것이다.

어디에 있느냐는 중요하지 않다. 어디로 가고 있느냐가 중요하다. 비록 시련에 쫓겨 막다른 골목 끝에 서 있어도 꿈을 향해 나아가고 있음을 기억하자.

나만 알고 있는
진짜 합격 스토리

"Congratulations! We are pleased to inform you that you have been recommended for the position of Cabin Crew with Qatar Airways."

메일 첫 줄의 "Congratulations!"을 보자마자 환호성을 질렀다. 새벽 3시였다. 상관없었다. 주체할 수 없을 정도로 기뻤다. 믿어지지 않았다. 혹시 꿈이 아닌가 싶어 메일을 여러 번 확인했다. 정말 합격한 거냐며 혼잣말을 하기도 했다. 엄마에게 전화를 걸었다.

"엄마! 나 합격했어!"

이 한 마디를 내뱉는 순간 울음이 터져버렸다. 2008월 10월부터 시작한 긴 여정은 그렇게 막을 내렸다. 약 100:1의 경쟁률을 뚫고 중국 광저우에서 합격한 유일한 한국인이었다. 소식이 뜸했던 지인들에게서 축하 전화를 받으니 합격했다는 사실이 더욱 실감이 났다.

한국에서도 카타르 항공 면접을 여러 번 보았다. 하지만 그때마다 늘 같은 면접관을 만났다. 아마도 그는 나를 '영어 못 하고 암리치 안 되는 지원자'라고 기억했을 것이다. 그래서 중국에는 다른 면접관이 오길 바랐다. 아니, 그럴 것이라고 믿기로 했다.

면접 첫날. 매우 상냥한 얼굴에 몸집이 자그마한 여자와 건강해 보이는 까만 피부의 긴 머리를 늘어뜨린 여자가 앉아 있었다. 처음 보는 면접관이었다. 정말로 나의 바람은 현실로 이루어졌다. 지원자들은 순서대로 이력서를 들고 걸어 나가기 시작했다. 내 차례가 오자, 환하게 웃으며 그녀에게 다가갔다.

"Are you Korean?"

걸음이 완전히 멈추기도 전에 면접관이 내게 물었다. 그렇다고 대답했다. 말레이시아 출신인 한 면접관은 한국인 친구가 많은 탓에 딱 봐도 내가 한국인인지 알 수 있었다고 했다. 한국인들을 구별하는 특별한 기준이 있느냐고 되물었다. 한국인들은 특유의 당당함이 있고 밝은 기운이 있다고 했다. 면접관이 나의 첫인상을 좋게 평가한 것 같은 예감이 들었다. 1,000명의 지원자 중 100명이 1차를 통과했고, 나는 100명 안에 들 수 있었다.

이튿날 2차 면접이 시작되었다. 그리고 늘 나에게 아픔을 맛보게 했던 암리치 측정 순간이 다가왔다.

"Number 22, MS. Jung Ah, JANG!"

자리에서 일어서는 순간 취업을 준비하며 겪었던 일들이 주마등처럼 스쳐 지나갔다. 심장이 요동쳤다. 그러나 나는 마음을 편하게 먹기로 다짐했다. Plan A가 될지 B가 될지 결정되는 순간은 면접 내내 찾아올 테니까.

212cm의 높이는 그날따라 더 높았는지 2cm 정도가 닿지 않는 것이 내 눈에도 보였다. 그런데 면접관은 오히려 나에게 침착하게 해보라며 한 번 더 기회를 줬다. 그런데도 계속 닿지 않았다.

"네 블라우스가 좀 타이트해 보여. 그래서 안 되는 것 같아."

"네. 그런 것 같아요. 오늘따라 잘 안 되네요."

면접관이 나를 도와주는 느낌이 들었다. 나의 기나긴 취업 대장정 스토리를 듣고 감동받은 사람처럼 말이다. 그리고 암리치가 안 됐음에도 불구하고 두 번째, 세 번째 관문을 통과해 최종 면접의 기회를 얻었다. 기적이었다.

나는 끌림의 법칙을 믿는다. 바라는 것을 늘 마음속으로 그리면 가슴속 깊은 곳에 믿음이라는 글자로 새겨진다. 믿음의 힘은 상상을 현실로 만들어버릴 만큼 강하기 때문에 모든 것을 내 편으로 끌어들인다.

긴 취업 준비 기간 동안 내가 바라는 미래를 늘 떠올렸다. 그리고 절대로 "나는 못해!"라고 말하지 않았다. 그 대신 "나는 꼭 할 수 있다고 믿어!"라는 말로 두려움을 극복했다. 내가 그리는 미래와 관련된 상황들을 자세하게 글로 써 내려갔다. '나를 알아봐주는 면접관을 만날 수 있다', '나의 노력이 결실을 맺는 순간이 금방 찾아온다.' 이렇게 글로 쓰고 나면, 이 모든 생각이 실행되는 것만 같았다. 그리고 그 끝에 나를 알아봐주는 아군을 만난 것이다.

최종 면접 장소에 도착했다. 인터뷰가 시작되기를 기다리며 잠시 눈을 감고 합격하는 상상을 했다. 면접장에 들어가니 두 면접관은 나를 반갑게 맞아 주었다. 그런데 갑자기 면접관이 암리치를 재야 한다며 자리에 앉으려는 나를 막아섰다. '이건 무슨 상황이지?' 마지막 관문에서 암리치를 측정했다는 말은 들어본 적이 없었다. 불길한 예감이 들었다. 암리치는 여전히 간당간당했다. 이번에는 면접관이 키를 재보자고 했다.

"희한하네. 키는 160cm가 되는데 왜 손끝이 212cm에 충분히 닿지 않을까? 요가는 하니? 스트레칭 연습은 해?"

"네. 원래는 되는데 오늘은 암리치 기준이 높았던 것 같아요."

너무 당황한 나머지 말도 안 되는 변명을 하고 있었다. 심지어 얼굴이 사색이 되어 그대로 굳어버렸다. 그때 갑자기 다른 면접관이 내 손톱을 유심히 쳐다보며 물었다.

"네일아트 참 예쁘다. 어디서 했어? 한국? 아니면 여기서?"

대화가 자연스럽게 흘러갔다. 네일아트를 좋아하는 면접관을 만나서 정말 다행이라고 생각했다. 덕분에 다시 면접 분위기가 밝아졌다. 마지막 기회일 수도 있는 지금 이 순간에 최선을 다 해보기로 마음먹었다. 그렇게 나의 모든 이야기를 들려주었다.

면접 볼 때 흔히들 감정을 드러내면 좋은 결과를 기대하기 어렵다고 한다. 하지만 이날 나는 내 감정을 드러내고 말았다. 면접 후반부쯤 면접관이 승무원을 왜 하려고 하는지 물었다. 나는 차분하게 대답했다. 하지만 중국까지 오게 된 이유를 말하던 도중 겨우 잡고 있던 눈물 지지대를 놓쳐버렸다.

그동안 노력과 방황의 날들로 얼룩진 지난 시간들이 떠올라 그만 눈물이 쏟아져버렸다. 이런 모습에 스스로 놀라 감정을 다시 추스르려고 했다. 그 순간 놀라운 장면을 보고 말았다. 절실함이 전해졌는지 면접관의 눈도 촉촉해져 있었던 것이다. 그리고 마지막 질문이 이어졌다.

"카타르에 오면 지금처럼 밝게 지낼 수 있니? 212cm에 손끝이 닿아야 하는 것은 자격요건 중 하나야. 그리고 그 요건을 확인하는 것이 우리의 임무야. 마지막으로 하나만 더 물을게. 스트레칭은 앞으로도 계속 할 수 있지?"

이 마지막 질문의 의도를 그때는 잘 이해하지 못했다. 하지만 일주일 후 그 뜻을 알 수 있었다. 취업 대장정의 막을 내려준 메일 한

통을 받고서 말이다.

암리치가 기준에 미달했는데도 어떻게 합격한 걸까? 그것은 내가 좋은 기운을 전파했기 때문이다. 단, 여기에는 '면접 스킬이 충분히 갖추어진 자에 한해서'라는 조건이 붙는다.

면접관도 사람이다. 즉, 교감할 수 있는 감정을 지녔다는 말이다. 면접관과의 교감을 통해 제대로 소통하면 면접관의 마음을 얻을 수 있다. 좋아하는 사람과 대화를 나누는 것과 같다고 생각하면 된다. 그러면 당신은 상대방의 눈을 쳐다보면서 귀 기울여 그의 말을 듣게 될 것이다. 자신의 좋은 부분을 극대화해서 보여주고 단점은 잘 포장해서 숨기면 된다. 진심은 통하기 마련이다. 이런 자세로 면접에 임한다면 면접관도 같은 마음으로 지원자를 바라본다.

한편으로 면접은 주관적이고 불공평하게 느껴질 수 있다. 특히 항공 서비스 업계의 면접은 더더욱 그러하다. 사람을 대하는 직업이다 보니 면접관이 지원자에게서 느끼는 첫인상이나 호감을 그대로 면접 결과에 반영하는 경우가 많다. 나를 자꾸 떨어뜨렸던 면접관에게 나는 '호감이 안 가는 지원자'였던 것이다. 내가 진심으로 그에게 좋은 텔레파시를 보낸 것이 아니기 때문이다. 나는 준비가 되지 않은 나 자신에게 불안함을 느꼈다. 그리고 자연스럽게 면접관에게 불편한 기운이 전달된 것이다.

하지만 이번에는 Plan B가 있었기에 면접을 즐길 수 있었고, 그

덕분에 당당해질 수 있었다. 이런 텔레파시가 면접관에게 제대로 통했다고 생각한다. 결국 나를 합격시켜준 것은 '나는 충분히 할 수 있다!'라는 믿음이었다.

　꿈을 이루고 남들처럼 즐거운 삶을 사는 자신의 모습을 상상하길 바란다. 당신도 할 수 있다. 그 믿음이 면접관에게 통하는 날이 반드시 온다. 행운이란 준비와 기회의 만남이다. 행운은 그냥 찾아오는 것이 아니다. 내가 노력을 통해서 준비되어 있을 때 기회는 그 모습을 드러낸다. 합격이라는 행운이 찾아오게 되는 것이다.

chapter 2

5성급 항공사 승무원의
시크릿 다이어리

쌀라말레쿰
카타르!

2011년 8월 6일 새벽 4시 카타르 도하 국제공항 도착장.

공항은 한산했다. 사막 한 가운데 지어진 건물답게 공항 내부에는 모래 냄새로 가득했다. 알라딘과 요술램프에서나 보던 아랍 전통 의상을 입은 남자들이 몇몇 보였다. "쌀라말레쿰!" 서로 인사를 나누는 소리가 들렸다. 그때 마침 눈이 크고 체구가 서구적인 아랍 여성이 다가왔다. 회사에서 마중 나온 직원이었다.

"Are you Ms. Jung Ah, JANG?"

"Yes! Nice to meet you!"

그렇게 나의 카타르 생활이 시작되었다.

나는 직원과 함께 공항에서 회사 버스를 타고 숙소로 향했다. 창문 밖으로 보이는 건물들을 보고 있으니 '삭막함'이라는 단어가 저절로 떠올랐다. 건물들은 하나같이 모래 색깔을 하고 있었다. 화려함이라는 단어는 눈 씻고 봐도 찾을 수 없었다. 이 집이 저 집 같고, 땅과 건물의 색이 같아 둘이 구분되지 않을 정도였다. 식막함을 느끼게 한 것은 건물뿐만이 아니었다. 거리의 모습도 마찬가지였다. 흙먼지가 날리는 비포장도로는 마치 40~50년 전 우리나라의 거리 풍경과 비슷했다.

영화 〈섹스 앤더 시티 2〉에서 주인공 캐리와 친구들이 지루한 일상을 빚어나 아부다비로 여행을 떠나는 상년이 있다. 그녀늘이 머문 숙소는 으리으리하게도 금빛 장식으로 온통 뒤덮여 있었다. 또 멋진 차를 타고 쇼핑을 즐기며 럭셔리 투어를 즐기는 모습도 나온다. 그래서 중동은 어딜 가나 화려한 건물들이 즐비한 멋진 곳일 거라고 상상해왔다.

카타르에서는 '물 값보다 기름 값이 싸다'라는 말이 있을 정도로 '부자 나라'의 이미지가 강하다. 그러나 나는 카타르가 빈부 격차가 상당히 심한 곳이라는 것을 알게 되었다. 카타르 인구의 90%는 외국인이다. 그중 절반 이상이 저임금 국가의 단순 노동자라고 한다. 그래서인지 길에는 터번을 둘러쓴 카타르 사람들이 잘 보이지 않았다. 인도나 파키스탄 출신으로 보이는 사람들이 더 많이 보였다.

자국민들이 모여 사는 곳과 저임금 외국인 근로자들이 밀집되어 있는 지역은 분위기가 상당히 달랐다. 같은 서울이지만 강남 한복판에 있는 고급주택과 강북 변두리 동네가 공존하는 우리나라의 모습이 오버랩되었다. 어디를 가나 부와 빈곤은 존재했다. 아무리 부자 나라여도 말이다.

카타르에 대해 오해하고 있었다. 카타르가 '경제 급성장'을 이룬 것은 우리나라와 다를 바 없었다. 그래서 그들이 사는 방식도 우리와 상당히 비슷할 것으로 생각했다. 그런데 카타르에서는 내가 겪어보지 못한 일들이 곳곳에서 일어나고 있었다.

한 여름 낮에는 샤워조차 할 수 없었다. 뜨거운 날씨 탓에 뜨거운 물만 나왔기 때문이다. 또한 모스크_{이슬람교의 예배당}에서 하루에 다섯 번씩 울리는 기도 소리에 자다가도 벌떡 깨곤 했다. 처음에는 당황스럽고 이런 상황들이 불편했다.

하지만 나는 그들의 흐름에 맞춰 함께 흘러가면 되는 것이라 생각했다. 뜨거운 여름에는 웬만하면 저녁에 샤워를 했다. 기도 소리는 익숙해져서 나중에는 들렸는지도 모를 정도였다. 그러나 이는 시작에 불과했다. 문화나 내부 시스템 차이로 인한 황당함이 나를 저만치서 기다리고 있었다.

카타르에 와서 정말 황당했던 적이 있었는데 그 애기를 잠시 하고자 한다. 내가 살던 아파트는 새 건물이었다. 깨끗하고 좋았으나 딱 하나 아쉬웠던 점은 인터넷이 설치되어 있지 않았던 것이다. '인터넷이야, 뭐 금방 설치되겠지' 하며 별로 대수롭지 않게 여겼다. 설치 신청을 위해 회사 내 인터넷 담당 부서로 전화를 걸었다.

그리고 잠시 후 수화기 너머로 들려오는 소리를 듣고 내 귀를 의심했다.

"Pardon? One month? Do you mean I need to wait for one month?"

"Yes, I told you to wait for one month! Just wait. OK?"

직원은 몇 번을 물어보냐며 귀찮다는 듯이 대답했다. 그러고는 전화를 끊어버렸다. 한 달이나 기다려야 인터넷 설치가 가능하다니! 마치 먼 과거로 여행 온 것만 같은 기분이었다. 인터넷을 설치하기 전까지 부모님이나 친구들과 영상 통화조차 하지 못했다. 한국인 동료도 없었기에 우리말을 사용할 기회도 없었다. 너무 답답하고 외로웠다.

하지만 생각을 조금 바꿔서 이 상황을 받아들이기로 했다. 인터넷을 설치하는 데 한 달이 걸리지만, 이것을 어학연수의 연장선이라고 생각하기로 했다. 그토록 원했던 어학연수를 카타르 항공에 입사해서 할 수 있게 되다니! 오히려 너무 좋은 기회 아닌가. 답답하고 외로움 대신 영어 공부에 대한 열정으로 무사히 한 달을 보낼 수 있었다.

겨우 인터넷 설치하고 나니 이번에는 인터넷 속도가 애타게 했다. 우리 나라에는 특유의 '빨리빨리'식의 문화가 존재한다. 뭐든지 빨리 시작하고 빨리 끝내는 것이 좋다고 여긴다. 이런 점은 우리

나라를 세계에서 인터넷 속도가 가장 빠른 나라로 만들었다. 그런 이유 때문인지 인터넷 속도가 느린 부분에 있어서 나의 참을성은 완전 밑바닥 수준이었다. 속도가 너무 느려서 영상 통화 도중 몇 번씩이나 연결이 끊겼다. 사진 한 장 전송하는 데도 30초 이상이나 걸렸다. 한국에서는 상상할 수 없는 일이다. 그런데 함께 살던 인도 출신 룸메이트는 오히려 인터넷 속도가 빠르다며 만족했다. 그리고 이런 말을 했다.

"영상 통화로 가족 얼굴 볼 수 있는 것 자체가 감사한 일 아니야? 좀 끊기면 어때!"

그렇다. 모든 것은 상대적이다. 마우스 클릭을 하고 몇 초도 지나지 않아 인터넷 창이 열리는 한국의 인터넷 속도를 기대한 것은 나 자신이었다. 스스로 만든 기대감을 내려놓았다. 룸메이트의 말대로 부모님 얼굴을 볼 수 있다는 사실 자체에 감사하는 마음을 갖기로 했다. 눈앞의 상황을 어떻게 받아들이느냐에 따라 불편함이 될 수도 있고, 편리함이 될 수도 있다는 것을 알게 되었다.

로마에 가면 로마법을 따르라는 말이 있다. 카타르에서 살기로 했다면 카타르의 문화와 법을 따라야 한다. 카타르에 머문 4년이라는 시간 동안 유난히 적응하기 힘들었던 부분이 있었다. 그것은 바로 '라마단Ramadan'이었다. 라마단은 이슬람교의 다섯 가지 종교적 의무 중 하나인 금식에서 기인한다. 한 달간 해가 떠 있는 동안은 먹거나 마시는 것이 일절 금지된다. 어려운 사람들의 마음을 헤아리기 위해서다. 또한 무슬림이 아닌 외국인들도 공공장소에서 물을 마시거나 음식을 먹는 행위는 금지된다. 라마단은 무슬림에게 가장 중요한 의식 행위이자 그들만의 축제이다. 당연히 존중해야 마땅하다.

그런데 라마단 기간은 바깥 온도가 50도를 육박하는 한 여름에 시작된다. 그런 날씨에 밖에서 물 한 모금도 제대로 못 마신다고 상상해보라. 마치 내가 이곳에 살 자격이 있는지 테스트를 받는 기분이 들 것이다. 매년 라마단이 다가올 무렵이면 나도 모르게 부담스러운 마음이 생기곤 했다.

하지만 이집트 동료와 함께 비행한 이후로 생각이 바뀌었다. 그날은 라마단 기간이었다. 모든 식사 서비스가 끝나고 동료들이 식사를 하고 있었다. 그때 이집트 동료 혼자만 구석에 가만히 앉아 있는 모습을 보게 되었다. 그녀는 무슬림이어서 금식을 하고 있었다. 중노동급에 해당하는 식사 서비스를 마치고 나면 얼마나 목이 마르고 허기가 지는지 잘 알고 있었다. 억지로 시선을 다른 곳으로 두며 아무것도 먹지 않고 있는 그녀의 모습에 정말 놀랐다. 그 친구는 뱃속에서 꼬르륵 소리가 나도 무시했다. 목이 타 들어가도 물을 쳐다볼 수조차 없었다. 이성을 잃고 어느새 물을 벌컥벌컥 들이키는 자기 자신을 보게 될 것 같아서였다.

'과연 내가 그녀라면 어땠을까?' 하고 상상해보았다. 생각만 해도 너무 괴로웠다. 그녀의 깊은 신앙심 앞에서 라마단에 대한 불평을 가졌던 나 자신이 부끄러웠다. 라마단 기간이 아무리 부담스럽게 느껴져도 금식하고 있을 무슬림 친구들을 위해 기꺼이 이해하기로 했다. 그리고 그들의 문화에 최대한 예의를 갖추었다. 내게 불편하고 귀찮은 것들이 누군가에겐 목숨만큼 소중할 수 있기 때문이다.

어떤 문화를 이해하려면 오랜 동안 많은 노력을 기울여야 한다. 지식과 경험이 밑받침되어야 한다. 예를 들면 그 나라에 대한 역사, 지리, 관습, 최근의 정세, 일상 등에 대한 이해가 필요하다. 나의 중동 문화에 대한 이해도는 낮았다. 걸음마 수준도 채 되지 않았다. 그래서 카타르의 문화에 적응하기까지 꽤 오랜 시간이 걸렸다.

서서히 마음을 열고 그곳의 문화를 존중하기로 했다. 가까이서 그들의 삶을 관찰했다. 그 삶의 흐름에 나 자신을 맡겼다. 그리고 함께 흘러가도록 했다. 내가 존중하는 만큼 나 또한 존중받고 있음을 깨닫게 되었다.

낯선 환경에 적응해야 하는 순간이 오면 당황스럽다. 자연스러운 일이다. 그 낯선 감정을 인정하는 것부터가 시작이라고 생각한다. 인정하고 나면 이제 그 환경과 친해지는 일만 남았다. 새로운 환경을 마음에 드는 사람이라고 생각해보면 더욱 이해하기 쉽다.

당신은 마음에 드는 사람이 있다면 어떻게 하겠는가? 그 사람이 좋아하는 것을 함께 해주며 가까워지려고 할 것이다.

　마찬가지로 새로운 문화를 향해 마음을 활짝 열어보자. 그 환경이 요구하는 것을 함께 해준다는 생각으로 다가가자. 그러면 어느새 당신 곁으로 한 발짝 다가와 있는 새로운 삶을 발견할 수 있을 것이다.

인도 뉴델리
비행을 가다

글에 앞서, 인종 차별적인 발언을 하려는 목적으로 이 글을 쓴 것이 아님을 알리고자 한다. 실제로 내가 겪었던 일과 그때 당시 생각했던 것들을 독자들과 공유하고 싶어서 이 글을 쓰게 되었다. 오해 없이 읽어주길 바란다.

미국 작가 마크 트웨인Mark Twain, 1835~1910은 인도에 대해 이렇게 얘기한 적이 있다.

'모든 종류의 인간이 보고 싶어 하는 단 하나의 나라! 그리고 단 한 번 흘낏이라도 보고 나면 지구의 나머지 나라를 모두 본 것보다 강렬한 나라, 인도!'

카타르 항공 승무원이 되기 전까지 인도를 가본 적이 없었다. 내게 인도는 풀리지 않는 수수께끼 같은 나라였다. 언뜻 보기에 인도는 가난하고 비위생적이어서 문제투성이의 나라 같았다. 그런데 왜 사람들이 인도를 여행하려고 하는 걸까? 왜 강렬하다고 하는 걸까? 카타르 항공 승무원이 되어 처음으로 인도로 비행을 가면서 비로소 그 답을 알게 되었다.

인도 비행은 승무원들 사이에서 악명이 꽤 높았다. 인도 비행을 하면 모든 비행이 쉬울 것이란 말이 있을 정도였다. 얼마나 힘들기에 그렇게도 악명이 높은지 살짝 겁이 났다.

공교롭게도 신입 교육을 마치자마자 인도 뉴델리로 시범 비행을 하게 되었다. 동기들은 파리, 로마, 런던 등 유럽으로 비행을 간다는데 왜 나만 인도로 비행을 가는지 화도 나고 걱정도 되었다. 마음을 단단히 먹기로 했다. 드디어 비행기에 몸을 실었다. 그것도 잠시, 그 마음은 바로 으깨졌다.

인도 승객들은 비행기에 탑승하자마자 너나 할 것 없이 내게 몰려왔다. 자리를 찾아달라고 손을 쭉 뻗어 티켓을 내밀었다. 순식간에 수십 명의 승객들 사이에 파묻혀버렸다. 누가 보면 내가 그 자리에서 마술처럼 싹 사라진 것 같다고 생각했을 것이다. 나는 손으로 좌석 위치를 하나하나 가리켜야만 했다.

겨우 승객들을 자리에 앉히니 이제는 여기저기서 물을 달라고 아우성이었다. 마치 경매장에 온 기분이었다. 승객들은 한 사람의 말이 끝나기 무섭게 또 다른 쪽에서 "워터!"를 외쳐댔다. 마치 비싼 물을 서로 사겠다는 것처럼 말이다.

승객들에게 물을 드리고 난 후 놀라운 경험을 했다. 방금 물을 달라고 했던 승객들이 또다시 물을 더 달라며 일제히 컵을 내밀었다. 순간 조금 전 일어났던 상황과 현재 상황이 구분이 가지 않았다. 데자뷰인가 싶을 정도였다. 그들은 '물이 정말 마시고 싶었나보다.'가 아니라 '물에 환장한 것 아니야?' 할 정도로 정신을 쏙 빼놓았다. 정말 울고 싶었다.

이륙 후 식사 서비스가 시작되고는 더 가관이었다. 10A 좌석부터 서비스를 하고 있었다. 그 와중에 12B, 13D 손님들이 기웃거리는 모습이 곁눈질로 보였다. 하던 일에 집중했다. 그런데 그들은 경매장을 다시 소환했다. 하나둘씩 손을 들기 시작했다. 그리고 내가 보든 안 보든 상관없다는 듯이 외쳐댔다.

"마이프랜! 코크! 코크!" "치킨! 치킨!" "워터! 워터! 워터!"

신입이었던 나는 그 상황을 노련하게 다루지 못했다. 고작 4명의 승객에게 식사 서비스를 하는 데 무려 10분이 넘게 소요되었다. 다행히 선배들의 도움으로 간신히 끝낼 수 있었다.

이제 한숨 돌리려는 순간 악몽은 다시 시작되었다. 식사를 마친 승객들이 하나둘씩 콜 벨_{승무원 호출 벨}을 누르기 시작했다. 콜 벨을 누르면 기내 선반 밑에 불이 들어왔다. 동시에 반짝거리는 불빛들은 크리스마스 트리를 연상케 했다. 벨이 들어올 때 '띵!' 하는 소리가 나는데, 인도 비행에서는 '띵띠리띵띵!' 소리가 났다. 콜 벨의 화려한 조명과 사운드 덕분에 승무원들 사이에서는 인도 비행이 '클럽 비행'이라고도 불린다.

"워터! 워터! 워터!" "익스큐즈미. 브레드! 브레드!"

여전히 그들은 목이 마르고 배가 고팠다. 신기한 점은 '워터'를 한 번만 말해도 줄 텐데 두 번, 세 번 얘기를 하는 것이다. 왠지 말한 횟수대로 물을 드려야 할 것 같았다. 그래서 '워터'를 세 번 얘기하는 승객에게 물을 세 잔 드렸다. 손님은 고개를 갸우뚱하면서도 고마워하는 눈치였다. 또 어떤 이는 남은 기내식을 집에 있는 식구들에게 주고 싶다고 했다. 그러면서 먹던 음식을 내게 불쑥 내밀었다. 포장해달라고 당당히 요구하는 것이었다.

또 다른 승객은 배가 부르지 않다며 음식을 더 가져다 달라고 했다. 하지만 이미 기내식은 승객 수만큼 실린 터였다. 결국 나의 몫으로 제공된 식사를 드려야만 했다. 콜 벨 체크를 하다 보니 4시간의 비행 동안 단 1초도 앉을 틈이 없었다.

'이건 무슨 상황이지? 정말 이런 비행이 있단 말이야?'

순간 내가 왜 승무원을 하겠다고 한 건지 회의감이 들었다. 워낙 힘들기로 유명한 비행이기에 어느 정도 쉽지 않을 거라 예상은 했다. 그럼에도 불구하고 현실을 겪고 나니 오히려 비참함을 느꼈다.

사실 나는 승무원 직업 대한 이해가 부족했다. 그저 겉으로 보이는 화려한 모습만 보고 동경했다. 우아한 직업이라고 착각하고 있었던 것이다. 그러나 실제 비행에서는 물 한 잔도 못 마시면서 그들의 요구사항에 일일이 대응하고 있었다. 그런 내 모습이 믿기지 않았다. 환상이 깨지는 순간이었다. 내 꾀에 스스로 넘어간 것 같았다. 정말 싫고 힘들었다.

하지만 현실을 부정한다면 내 꿈이 허망해질 것만 같았다. 현실을 받아들이기로 했다. 내 눈앞에 펼쳐진 삶을 인정하고 이해하기로 한 것이다. 처음 데이면 아프지만, 나중에는 점차 덜 아프게 된다. 그 비행 이후로도 예상치 못한 상황을 마주할 때면 그저 담담히 받아들였다. 내 직업을 이해하면 할수록 자부심을 갖게 되었다. 승무원이라면 다양한 인종과 문화에 대해서 받아들이는 것은 숙명이다.

이런 각오 없이는 승무원이 될 수 없다. 세상에는 다양한 사람이 있고 환경이 존재한다. 우리가 손님을 고를 수도, 환경을 선택할 수도 없다. 있는 그대로를 인정하고 존중해주어야 한다.

뉴델리 숙소에 도착한 나는 기진맥진했다. 스트레스를 풀기 위해 시내로 나가고 싶었다. 소문에 의하면 인도는 여자 혼자 여행하기에 위험한 나라였다. 뉴스를 통해 치안이 좋지 않다는 것도 알고 있었다. 그래서 건실한 유럽 청년 세 명과 함께 시티투어를 하기로 했다. 그들은 함께 일하는 동료들이었다.

호텔 밖을 나서자마자 혼란스러웠다. 도로는 사람이 걷는 길인지, 차도인지 구분이 가지 않았다. 소가 끄는 수레, 인력거 릭샤, 난폭하게 달리는 버스, 곧 부서지기라도 할 듯 덜덜거리며 달리는 트럭, 낡은 택시. 이 모든 것들이 한데 엉켜 도로를 꽉 채우고 있었다.

그것만이 아니었다. 소와 염소와 돼지들까지 차량들 사이로 비집고 들었다. 동네 개들은 어찌나 많은지, 우리나라 길거리에서 비둘기를 보는 듯했다. 정신없는 와중에 차들은 경적을 마구 울려댔다. 마치 이 세상에 믿을 건 경적소리 밖에 없다는 듯했다. 너도나도 귀가 따갑도록 클랙슨을 눌러댔다.

정신없는 도로를 벗어나 건물 뒤쪽으로 향했다. 현지인들만 아는 맛집이 가득할 것이라는 생각 때문이었다. 그러나 우리의 기대는 이내 불쾌감으로 뒤덮였다. 그곳에는 몇 년째 같은 옷만 입은 듯한 사람들이 많았다. 그뿐만이 아니었다. 1달러를 외치며 돈을 요구하거나 먹을 것을 달라는 사람들이 우리를 둘러쌌다. 지구의 블랙홀에 온 것 같았다.

당황한 우리가 발길을 돌리려는 찰나에 한 소녀가 다가왔다. 다리 한쪽을 잃은 소녀는 며칠 동안 밥을 제대로 먹지 못해 너무 배가 고프다고 했다. 나는 가방에 있던 작은 쿠키를 꺼내어 주었다. 소녀 말고도 길거리에는 구걸하는 아이들이 많았다. 이곳에는 단 1달러라도 벌기 위해 아이 어른 할 것 없이 노동에 시달렸다. 마치 가난과 고통만이 존재하는 곳이 아닐까 싶었다.

50~60년 전 우리나라에도 같은 고통이 존재했다. 한국은 한국 전쟁이 끝난 후 세계에서 가장 가난한 나라였다. 온 나라가 가족을 잃은 피난민들의 아픔으로 물들었다. 그들은 포기하지 않았다. 남아 있는 가족을 지키기 위해 밤낮으로 노동에 시달렸다. 피눈물을 흘리며 보낸 세월이 보상을 해주듯 경제는 점차 성장했다. 전부 내가 태어나기 전에 있었던 일이다. 인도에서 만난 사람들의 모습을 통해 우리나라의 과거를 간접적으로 경험할 수 있었다.

현재 인도는 과도기에 있다. 인도 사람들의 의식은 점차 커지고 있다. 그들은 우리가 걸어온 길을 걷고 있다. 5년 뒤, 10년 뒤에는 얼마나 달라져 있을까? 언젠간 우리처럼 어려운 나라에 도움의 손길을 보내고 있지 않을까?

기념품을 사기 위해 상점이 모여 있는 곳을 찾았다. 예쁜 스카프를 구경하고 있는데 아니나 다를까 이번에는 장사꾼들이 먼저 다가와서 우리를 둘러쌌다. 자기네들끼리 서로 경쟁하듯 가격 흥정을 하기 시작했다.

"150루피! 노 프라블럼! 컴!" "마이프랜! 130루피! 노 프라블럼!"

사람들에게 둘러싸여 이동하는 것조차 어려웠다. 결국 흥정 끝에 한 상인에게 120루피한화로 약 2,000원를 주고 스카프를 샀다.

손님을 데려오기 위해 가격 흥정을 하는 모습, 안 사도 좋으니 구경이라도 하라는 장사꾼의 모습에서 그들의 치열한 삶을 엿볼 수 있었다. 그들은 먹고 살기 위해 목소리를 높이고 있었다. 우리 나라의 시장 풍경과 많이 닮아 있었다. 어쩌면 우리 어른들이 살던 시대의 모습이 아니었을까 추측해본다.

내 삶을 다시 되돌아봤다. 그동안 맛있는 것 실컷 먹으면서, 하고 싶은 공부 맘껏 하면서 살아왔다. 늘 곁에는 나를 응원해주는 사람들이 있었다. 건강한 몸과 마음도 가졌다. 그리고 꿈이 있었고 그 꿈을 이루었다.

그런데도 나는 늘 불평했다. 내가 가진 것들이 얼마나 소중한지 알지 못했다. 오히려 더 많은 것을 바라고 욕심을 부렸다. 나 자신이 부끄러웠다. 짧았던 인도 여행을 통해 내게 주어진 삶에 감사한 마음을 갖게 되었다.

모든 일에는 동전의 양면처럼 장단점이 존재한다. 실제로 승무원이 되고 나면, 꿈꾸었던 삶과는 거리가 멀다고 느낄 때가 많을 것이다. 원치 않는 비행에 끌려가게 되고 심부름꾼이 되는 경우가 생기기 마련이다. 까다로운 승객들에게 시달리게 되면 비참함마저 느낄 수도 있다.

그러나 그 모든 상황은 받아들이는 법을 통해서 현명하게 대처할 수 있다고 본다. 받아들일수록 화낼 일이 없어진다. 비참함과 괴로운 마음도 없어진다. 불평할수록 부정적인 마음은 더욱 커진다. 이럴 때는 부정적인 부분만 극대화해서 바라보지 말고 장점을 부각시켜 바라보도록 노력하자. 분명한 것은 승무원 직업뿐만 아니라 이 세상 모든 일도 마찬가지라는 점이다. 그것만 기억하면 그 어떤 상황이 당신을 힘들게 해도 승무원이라는 직업을 자랑스럽게 여길 것이다.

Korean Prime Minister
On Board

회사 스케줄 팀에서 전화가 왔다.

"Good morning. This is from schedule department. Is this Ms. Jung Ah, JANG?"

상황을 재빠르게 판단했다. 스탠바이갑자기 인력이 필요할 경우를 대비해 생긴 제도에서 비행으로 바뀐 것이었다. 직원은 말을 이어갔다.

"오늘 아주 특별한 비행이 있어요. 꼭 와주길 바랍니다. 비행 출발 시각은 지금으로부터 1시간 뒤에요. 집 앞에 차가 대기 중이니 준비 되는대로 내려오시면 됩니다. 많이 촉박할 거 알아요. 다른 동료들에게는 이미 상황을 알려뒀어요. 브리핑에 참석할 필요도 없으니 바로 비행기로 가세요. 승객보다 늦게 도착하셔도 괜찮습니다. 그럼 오실 때까지 기다리겠습니다."

전화를 끊었다. 말도 안 되는 상황이 벌어졌다. 보통 비행 2시간

전에는 집에서 출발해야 한다. 하지만 1시간 밖에 남아 있지 않은 상황이었다. 지금 출발해도 아슬아슬하게 도착할 것 같았다. 다시 전화해서 못 하겠다고 할까 고민했다.

그런데 왠지 가야 할 것만 같은 느낌이 들었다. 얼른 메이크업을 하고 유니폼을 입었다. 미리 싸둔 가방을 챙겨 부랴부랴 집 앞으로 나왔다. 평소에 타던 통근버스는 없었다. 거기에는 자그마한 벤이 기다리고 있었다. 차에 재빨리 몸을 실었다. "Are you Ms. Jung Ah, JANG?" 기사가 물었다. 동시에 엄청난 속도로 달리기 시작했다.

'얼마나 급한 상황이기에 이토록 다급하게 부른 걸까? 도대체 무슨 비행일까?'

그 순간 가장 중요한 목적지에 대한 정보를 듣지 못했다는 것을 알아차렸다. 스케줄 팀이 전화를 걸었을 때 물어봤어야 했다. 하지만 너무 당황해서 물어볼 겨를이 없었다.

승무원은 그날 비행에 대한 공부가 철저히 필요하다. 예를 들면 서비스 종류, 승객 정보, 비행기 기종, 비행 시간, 목적지에 대한 정보 등에 대해서 말이다. 이는 안전상의 이유 때문이다. 실제로 비행을 하다 보면 손님들이 비행에 관련된 질문을 많이 한다. 이런 경우를 대비해서 늘 A4용지 한 장 가득 메모를 하곤 했다. 준비를 철저히 해가지 않으면 일할 자격조차 없다고 생각했다.

그런데 아무런 정보도 없이 비행을 하러 가고 있다니. 믿을 수 없었다. 가시방석에 앉은 기분이었다. 꼭 무기 없이 전쟁터에 나가는 꼴이었다.

공항에 도착하니 낯선 얼굴들이 나를 반겨주었다. 회사 간부들이었다. 평소에는 공항에서 코빼기도 못 보던 분들이 직접 나를 마중 나온 것이다. 간부들의 환한 미소는 부담스러웠다. 게다가 내 손을 붙들고 와줘서 고맙다며 인사를 했다. 부담감은 배로 늘어났다. 간부들은 내가 보안검색만 마치고 바로 비행기로 향할 수 있도록 도왔다. 재빨리 비행기에 탑승했다.

그런데 최악의 상황이 발생했다. 기내에는 이미 손님들로 가득 차 있던 것이다. 나는 승객보다도 늦게 탑승했다. 승무원이 마지막에 탑승하는 경우는 아마 거의 없지 않을까 생각한다. 너무 당황스러웠지만 그렇지 않은 척했다. 어떤 비행이 나를 기다리는지 정말 궁금했다. 사무장이 나를 불렀다.

"오늘 우리는 스리랑카로 향합니다. 일등석은 모두 한국인 VVIP 승객들이에요. 한국 국무총리께서 타셨어요."

당시 정홍원 국무총리가 중동 국가를 순방했다. 그리고 스리랑카에서 다음 일정을 소화하기 위해 우리 비행기에 탑승했던 것이다. 그 비행기에는 통역을 담당한 승무원이 없었다. 이 사실을 늦게 알아차린 회사가 스탠바이 중이던 나를 부랴부랴 부른 것이었다.

객실을 둘러보니 일등석 맨 앞자리에 정홍원 국무총리와 부인이 앉아 계셨다. 옆에는 몇몇 장관님들도 보였다. 뒤에는 수행원들이 있었다. 너무 신기했다. 카타르 도하에서, 그것도 스리랑카로 가는 비행기에서 한국인 승객들을 만나다니! 게다가 뉴스에서만 보던 분들이 눈앞에 있었다. 꿈만 같았다. 마치 나라의 중요한 일을 진행하는 데 내가 한 몫 거드는 기분이었다.

그것도 잠시, 두려움이 밀려왔다. 사실 나는 일등석 객실 승무원으로 진급한 지 한 달 밖에 안 된 상태였다. 아직 일이 익숙하지 않은 것이었다. 비행하기 전에는 항상 매뉴얼을 확인해야 했다. 그렇지 않으면 일을 매끄럽게 하지 못했기 때문이다.

이날 아무런 비행 정보도 알지 못한 채 일을 한다는 사실은 나를 긴장하게 만들었다. 이 비행을 잘 해낼 수 있을지 의심스러웠다. 잘해야겠다는 생각보다 실수할까 봐 두려운 마음이 더 컸다. 앞이 막막했다. 회사는 왜 마지막에 나를 부른 건지 원망스러웠다. 미리 승객 정보라도 좀 체크했더라면 싶었다.

그렇지만 걱정만 한다고 해서 달라질 것은 없었다. 이미 눈앞에는 너무도 중요한 손님들이 계셨다. 그분들을 담당할 사람은 나밖에 없었다.

긍정의 믿음이 필요했다. 지푸라기라도 잡는 심정으로 일을 잘하는 내 모습을 상상했다. 일의 순서를 다 꿰고 있는 내 모습, 여유 있게 일을 즐기는 나 자신을 머릿속에 그려보았다. 되도록 구체적으로 또렷하게 떠올렸다. 내가 믿는 대로 일이 흘러갈 것이라고 생각했다. 그리고 이륙 후 서비스 준비를 하며 마음속으로 외쳤다.

'나는 침착하게 일을 순서대로 잘한다. 승객의 질문에 당황해하지 않는다. 자신 있게 대답한다.'

그러자 너무 신기하게도 마음이 조금씩 차분해지고 있었다. 마음속으로 더욱 깊이 주문을 외우듯 떠올렸다.

'나는 모든 일을 능숙하게 처리할 수 있어.'

잠시 후 신기한 현상이 일어났다. 평소에는 절대 외워지지 않던 10가지가 넘는 와인 종류를 토씨 하나 빠트리지 않고 줄줄 외우고 있었다. 그뿐만이 아니었다. 항상 헷갈리던 일의 처리 방식을 완벽하게 숙지하고 있었다. 아무런 착오 없이 일을 해내고 있었다.

나 자신을 스스로 베테랑 승무원이라고 상상했다. 머릿속으로 그려본 나의 모습을 더 클로즈업해서 바라보았다. 마치 진짜인 것처럼 받아들였다.

그 전에는 왜 그러지 못했을까? 마음을 완전히 열지 못했기 때문이다. 나는 입사동기들보다 훨씬 빨리 진급했다. 부러움과 시기의 눈총을 받고 있었다. 사람들의 말에 주눅이 들었다. 그렇기에 나는 남들보다 빠르게 승진할 수 없는 사람이라고 생각했다. 이미 승진을 했어도 현실의 나를 부정했다. 일을 능숙하게 하는 내 모습을 떠올리지 못했다. 일을 하면서도 동료들의 눈치를 봤다.

하지만 생각을 바꾸기로 했다. 긍정적인 내 모습을 바라보았다. 생각의 변화로 마음이 차분해질 수 있었다.

어느새 모든 서비스가 끝이 났다. 창문 밖으로는 하늘 아래 펼쳐진 푸른빛의 바다와 초록빛의 나무들이 보이기 시작했다. 그때 국무총리께서 내게 이런 말씀을 하셨다.

"한국 사람을 여기서 뵙다니 반가웠어요. 그리고 능숙하게 일하시는 모습이 인상 깊었어요. 같은 한국인으로서 자랑스럽습니다. 오늘 정말 감사했습니다."

살다 보니 이런 날도 있구나 싶었다. 뿌듯했다. 마치 대통령 전용기의 승무원이 된 것만 같았다.

스리랑카 공항에 도착했다. 비행기 문이 열렸다. 길고 긴 레드카펫이 깔려 있었다. 화려한 군악대의 연주가 우리 비행기를 맞이했다. 스리랑카 어린이들이 꽃다발을 들고 서 있었다. 방송 관계자들은 누가 빨리 누르나 내기라도 하듯 카메라 셔터를 눌러댔다. 환영을 받으며 땅을 밟는 VVIP 승객들을 바라보았다. 흐뭇했다.

'정상급 인사들의 통역을 맡는다는 것은 역사가 만들어지는 현장에 있는 것이다.' 미국 국무부 소속 통역국장 이연향 통역사가 한 말이다. 그녀는 주로 한미 정상회담에서 통역했다. 한국과 미국 간의 대화를 이어줌으로써 역사 곳곳에 함께했다. 나는 그녀처럼 통역을 한 것은 아니었지만 한국과 스리랑카 역사에 다리를 놓아준 듯했다.

승무원은 매일 다양한 사람들을 만난다. 따라서 예측하기 이려운 일들이 자주 생긴다. 때로는 아무런 준비 없이 여행을 떠나야 할 때도 있다. 그러나 자신의 마음가짐에 따라 비행이 주는 의미는 달라질 수 있다. 같은 상황이라도 뜻깊은 여행이 될 수 있다.

반면 트라우마로 남을 수도 있다. 그럴 때는 내가 바라는 상황을 떠올리고 그 생각을 믿어야 한다. 온전히 마음으로 생각을 받아들일 때 상황은 내가 원하는 대로 변한다. 머릿속을 어떤 이미지로 채울 것인지 늘 고민해 보자. 그것이 위기를 기회로 바꾸는 첫 번째 열쇠가 되어줄 것이다.

언젠가
다시 만날 수 있을까?

"가장 가보고 싶은 나라는 어디에요?"

늘 북한에 꼭 가보고 싶다고 대답했다. 북한 사람들을 만나고 싶었다. 같은 땅에 살면서 서로 만날 수 없다는 슬픈 현실이 호기심을 자극했다.

하루는 동료로부터 신기한 얘기를 들었다. 카타르에 북한 사람들이 살고 있다는 것이다. 심지어 그 동료는 북한 사람과 대화를 나눴다고 했다. 믿기지 않았다. 북한 사람들은 해외로 나가는 것 자체가 불가능할 것이라 생각했다. '그 사람들이 어떻게 카타르에 올 수 있지?' 하며 속으로는 거짓말이라고 생각했다. 그런데 얼마 지나지 않아 동료의 말이 사실이라는 것을 알게 되었다. 베이징으로 비행을 갈 때였다.

출발 20분 전. 비행기 입구에서 승객들의 탑승을 돕고 있었다.

그때 어떤 승객이 티켓과 여권을 내밀었다. 여권 겉표지에 한글이 보였다. 우리나라 여권은 아닌 듯했다. 갈색을 띤 여권이었다. 그 순간 '조선 인민 공화국'이라는 글자가 눈에 들어왔다. 머리가 땅 하고 울리는 기분이었다. '북한 사람인가?' 하며 여권 주인의 얼굴을 쳐다봤다. 그는 짧은 스포츠형 머리에 검게 그을린 피부의 40대로 보이는 남자였다. 왼쪽 가슴에는 자그마한 배지가 반짝였다. 북한 최고 지도자의 얼굴이 배지에 담겨 있었다.

'어머! 북한 사람이야! 세상에 이런 일이!'

마음속으로 소리를 질렀다. 너무 반가웠다. 내 심장은 이미 빠른 속도로 쿵쾅거리고 있었다.

"반갑습니다. 손님."

먼저 한국어로 인사했다. 반가운 미소도 잊지 않았다. 손님은 놀란 표정으로 고개를 들었다. 나를 위아래로 훑어보았다. 그러고는 무표정으로 그냥 가버렸다. 마치 무슨 말을 하려다 마는 것 같았다.

그날 20명의 북한 승객이 탑승했다. 그들은 베이징을 거쳐 평양으로 돌아가는 길이었다. 내가 북한에 대해 알고 있던 것은 뉴스에서 비춰진 모습이 전부였다. 북한 서민들의 삶이 어렵다는 소식을 자주 접해서였을까? 나도 모르게 북한에 대한 선입견을 갖고 있었다. 가난해서 먹고 살기 어려운 나라라고만 생각했다.

하지만 내가 만난 북한 손님들은 우리나라 사람들의 모습과 다르지 않았다. 생김새, 표정, 옷차림새가 매우 비슷했다. 체격도 매우 건장했다. 북한 사람들의 겉모습은 가난해 보일 것이라고 생각했다. 삶에 지쳐 항상 피곤한 표정일 것만 같았다. 또한 잘 먹지 못해서 체격도 왜소하지 않을까 싶었다. 미디어에서 봤던 북한의 모습은 단편적인 부분이었다. 북한에도 부와 빈곤은 존재했다. 비로소 깨달았다. 함부로 북한을 불행한 삶만 존재하는 곳으로 판단했다는 것을.

"손님, 식사 어떤 것으로 준비해드릴까요?"

한 북한 승객이 선글라스를 벗었다. 그리고 나를 빤히 쳐다봤다.

"남조선 아가씨입네까?"

잠시 머뭇거리더니 입을 열었다. 그 순간 주위에 있던 다른 북한 손님들의 시선도 내게 쏠렸다. 잊을 수 없는 순간이었다. 처음으로 내게 말을 걸어주셨기 때문이다.

"네, 맞아요. 식사하시겠어요?"

"생선 주시라우. 거 맥주도 있으면 하나 주시고."

주위에서 소곤대는 소리가 들렸다. 아마도 저 아가씨 남조선 아가씨라는 얘기를 하는 것 같았다. 그들 눈에도 내가 신기했던 모양이다. 다른 북한 승객에게도 식사 서비스를 하기 위해 말을 걸었다. 그런데 그는 나를 쳐다보지 않았다. 아무런 대꾸조차 하지 않았다. 그저 좌석 앞 화면만 계속 쳐다보고 있었다. 혹시 못 들은 것은 아닐까 생각했다. 다시 한 번 물었다. 역시나 마찬가지로 같은 곳만 응시했다. 그때 옆에 앉아 있던 승객이 말했다. 그분은 식사를 하지 않을 것이라고 했다.

그런데 왜 내게 직접 얘기를 하지 않으시는 건지 궁금했다. 나중에 그 이유를 알게 되었다. 북한에서는 해외에서 남한 사람들을 만나도 대화를 나누는 것은 금지사항이라 했다. 그 얘기를 듣고 등골이 오싹해졌다. 이러다가 내가 간첩으로 잡혀가는 것은 아닌지 걱정도 살짝 되었다. 하지만 그럼에도 불구하고 다른 북한 승객들은 내게 말을 걸어주셨으니 기쁘고 감사했다. 어쩌면 조국으로 돌아가 압박을 받을 수 있는데도 말이다.

식사 서비스가 끝나고 손님들은 하나둘씩 비행기 뒤쪽으로 모여들었다. 내게 남조선 아가씨냐고 물은 그 손님이 다시 질문했다.

"남조선 아가씨는 카타르에 삽니까?" "월급은 다 아가씨 몫입네까?" "부모님께 매달 용돈은 드리고?"

세 가지 질문을 동시에 했다. 그도 내가 궁금한 것이었다. 부모님께 매달 용돈을 드리지는 못한다는 대답에 농담을 던지기도 했다.

"아가씨는 효녀가 아닌가 보우. 우리 딸은 매달 용돈 주는데. 허허."

우리는 대화를 이어갔다. 그는 딸 자랑을 했다. 그 모습을 보니 부모님이 떠올랐다. 우리 부모님도 어딜 가든 항상 내 자랑을 하시기 때문이다. 자식 자랑하고 싶은 부모 마음은 다 똑같구나 싶었다. 그 마음은 북한이나 남한이나 다를 게 없었다.

이번엔 다른 북한 승객이 종이 한 장을 들고 다가왔다. 중국 입국 서류였다. 영어나 한자로만 쓸 수 있게 된 서류였다. 손님은 내게 영어를 할 줄 모른다며 도움을 요청했다. 기쁜 마음으로 도와드렸다. 영어 때문에 해외에서 어려움을 겪는 우리 아빠 같다고 느꼈기 때문이다.

그러자 잠시 후 모든 북한 승객이 내게 다가왔다. 20명의 입국 서류를 전부 작성해야만 했다. 하지만 전혀 힘들지 않았다. 오히려 그들을 위해 할 수 있는 것이 있어서 감사했다.

베이징을 향해 순항하고 있던 그때 사건이 터졌다. 주류 전용카트에 있던 위스키 한 병이 사라진 것이다. 이 사실을 알게 된 중국인 부사무장은 나를 불렀다. 그녀는 북한 사람들을 의심하고 있었다. 그리고 내게 한국어로 기내방송을 하라고 강요했다. 베이징 비행에서 한국어 기내 방송은 할 수 없었다. 회사 규율 상 기내 방송은 아랍어, 영어, 목적지 현지 언어 이렇게 세 가지만 사용할 수 있기 때문이다. 즉, 아랍어, 영어, 중국어 기내 방송만 할 수 있었다.

그런데 심지어 그녀는 한국어 기내 방송만 하라는 것이었다. 이뿐만이 아니었다. 더욱 충격적인 것은 그 내용이었다. 없어진 주류를 찾고 있으니 자수하라는 것이었다. 그녀는 북한 사람들은 돈이 없으니 충분히 훔칠 수 있다고 했다. 부사무장은 북한 사람들에 대해 선입견을 갖고 있었다. 내가 북한에 대한 선입견을 갖고 있던 것처럼 그녀 역시 그랬다.

그러나 나는 부사무장의 지시를 끝내 거절했다. 아무리 선배일지언정 부당한 행동은 할 수 없었기 때문이다. 결국에는 다른 중국인 승무원이 실수로 위스키를 다른 카트에 넣어 놓았다는 사실이 밝혀졌다. 안도의 한숨을 쉬었다.

선입견을 갖는 것은 어쩌면 자연스러운 것일 수도 있다. 우리에게 주어진 정보로만 이미지를 그려나가기 때문이다. 실제로 겪어 보지 않으면 모르는 법이다. 하지만 내가 가진 선입견을 다른 사람에게 강요하는 것은 옳지 않다. 그것은 선입견의 대상을 궁지로 몰아넣는 셈이 된다.

비행기는 베이징 국제공항에 도착했다. 북한 승객들은 "아가씨, 수고하라우!" 하며 손을 흔들었다. 나도 손을 흔들며 마지막 인사를 나누었다. 북한으로 돌아가는 저 사람들을 다시 만날 수 있을까 하는 생각이 들었다. 가슴이 먹먹했다. 헤어지는 순간은 너무 아쉬웠다. 그저 그들과 몇 마디 대화만 나누었을 뿐인데 헤어지는 순간을 슬퍼했던 이유는 무엇이었을까. 아마도 반가움과 그리움이 섞인 대화를 나누었기 때문이 아닌가 싶다.

우리는 서로가 반가웠다. 반가운 만큼 그리움 또한 짙게 배어 있었다. 짧은 시간이었지만 내 생에 절대 잊지 못할 순간이었다. 베이징 비행 이후로도 그들의 안부가 종종 궁금했다. 언젠가 다시 만나게 될 날이 꼭 왔으면 좋겠다고 생각했다.

나는 매일 새로운 사람들을 만나고 헤어졌다. 다양한 손님, 처음 보는 동료들과 함께 했다. 그리고 비행이 끝나면 다시 일상으로 돌아갔다. 다시는 그들을 볼 수 없었다. 어느새 그런 삶에 익숙해져 있었다. 비행하면서 만났던 사람들은 어차피 몇 시간 후면 헤어질 인연이라 생각했다. 꽤 덤덤해졌다고 생각했다.

그럼에도 어려운 이별은 존재했다. 가끔 마음 맞는 동료를 만나기라도 하면 헤어지는 순간을 아쉬워했다. 반가운 손님과 마지막 인사를 나눌 때도 슬픔이란 감정을 느꼈다.

그래서 나는 사람들을 만날 때 그 누구보다 반갑게 인사했다. 헤어질 때는 진심으로 그들의 안녕을 빌었다. 오늘 본 모습이 마지막일 수도 있기 때문이다. 타인들이 자연스럽게 나를 스쳐지나가는 것을 덤덤히 받아들이는 일. 그것은 승무원의 또 다른 숙명이 아닐까 싶다.

외국 항공사
승무원에 대한 오해

　사람들은 내가 카타르 항공 승무원이라고 하면 신기한 눈으로 쳐다보곤 했다. 국내가 아닌 외국 항공사라는 점이 신기했던 것 같다. 카타르라는 국가를 모르는 사람들도 있었다. 두바이 옆에 있는 작은 나라라고 하면 그제야 이해했다.

　사람들은 외국 항공사 승무원에 대해 많이 오해하고 있는 것 같았다. 물론 겉으로만 보면 오해할 수 있다. 승무원의 일을 잘 모르기 때문에 당연히 있을 수 있는 일이다. 하지만 가끔은 정말 답답할 때가 있다. 이는 사람들의 오해에서 비롯된 질문 때문이었다. 질문 자체가 잘못되었기 때문에 매번 '아니오'라고 대답하기도 어려웠다. 그 중 가장 난감한 질문이 4개 있다.

　"승무원 뽑을 때 외모가 많이 중요해요?"

　"그 나라 말(아랍어)도 할 줄 아세요?"

"외국 항공사는 일하는 분위기가 자유롭죠?"

"일하면서 여행하는 기분이 어때요?"

첫 번째, 두 번째 질문은 보통 승무원을 꿈꾸는 이들이 많이 궁금해 하는 질문이다. 우선 첫 번째 질문인 승무원의 외모 기준에 대해 얘기해 보도록 하겠다.

외국 항공사 승무원 지망생들이 "얼마나 예뻐야 하나요?"라는 질문을 하는 경우가 많았다. 아마 독자들도 지금쯤 '정말 얼마나 예뻐야 하는 걸까?' 하고 궁금해 할지도 모르겠다.

간략히 얘기해 보면 '이만큼 예뻐야 해'라는 외모 기준은 정해져 있지 않다. 면접관에 따라 선호하는 이미지가 모두 다르기 때문이다. 그렇다면 외모에 대한 준비는 어떻게 해야 할까? 먼저 승무원은 많은 사람을 만나는 환경에서 일한다는 점을 주목해야 한다. 즉, 승객들이 봤을 때 호감을 느낄 만한 외모면 충분하다.

호감 가는 인상은 다양하다. 예를 들어 웃는 얼굴, 밝은 표정, 친근한 이미지 등이 있다. 승객들이 승무원을 보고 불편함이나 거부감을 느끼지 않을 정도면 된다. 더 자세한 이야기는 4장에서 다루도록 하겠다.

우리나라 사람들 중 대부분은 '승무원은 예뻐야 된다'라는 고정관념을 갖고 있다. 실제로도 국내 항공사에서는 외모가 준수한 지원자를 뽑는 경우가 많다. 하지만 유럽이나 중동 지역의 외국 항공사 같은 경우는 외모에 대한 기준이 까다롭지 않은 편이다. 외모보다는 지원자의 인성과 태도를 많이 본다. 그래서 모든 승무원들이 훌륭한 외모를 가져야 한다는 것은 편견이라는 뜻이다.

다음으로 지망생들을 비롯해 많은 사람이 궁금해 하는 '언어'에 대한 부분이다. 나는 처음으로 카타르 항공을 알게 되었다. 외국 항공사 지망생이라면 영어는 필수다. 그리고 문득 이런 생각이 들었다. '카타르 항공에 입사하려면 아랍어를 할 줄 알아야 할까?' 영어도 못 하는데 아랍어까지 공부하는 것은 무리여서 나도 걱정했던 부분이다.

단도직입적으로 말하면 아랍어는 필수 요건이 아니다. 카타르는 영어를 아랍어와 공용어로 사용한다. 그래서 영어만 할 줄 알아도 전혀 문제될 것이 없다. 카타르 항공은 세계 각국으로 취항을 한다. 이 때문에 각 나라 언어를 사용하는 승무원을 채용한다. 즉, 우리는 한국어와 영어만 할 줄 알면 되는 것이다. 영어 외의 다른 언어에 대한 걱정은 하지 않아도 된다.

카타르 항공처럼 다른 중동 항공사나 유럽 항공사도 마찬가지로 영어만 잘하면 된다. 그러나 아시아 지역에 있는 외국 항공사의 경우는 조금 다르다. 영어가 아닌 다른 언어에 대한 가산점을 부여하기도 한다.

예를 들어 중국 항공사들은 중국어 구사할 줄 아는 지원자를 선호한다. 일본 ANA 항공사 같은 경우는 일본어 능력이 필수 조건이다. 결국 일부 항공사를 제외하면 영어만 해도 크게 문제가 될 것은 없다.

"너희는 위계질서 같은 건 없지? 우리는 매우 심하거든. 한국인들 선후배 관계 엄청나게 따지잖아. 외국 항공사는 그래도 편할 것 같아서."

하루는 국내 모 항공사에 다니는 친구 B가 내게 물었다. 카타르항공에 근무할 당시 5천 명의 승무원 중 한국인은 약 500명이었다. 500명의 한국인 사이에서 어느 정도 위계질서는 존재했다. 한국인 승무원에게만 해당하는 얘기는 아니었다. 외국 항공사라고 해서 위계질서가 없는 것은 아니었다. 외국인 동료들도 사람인지라 매사에 쿨한 것만은 아니었다. 외국 항공사에도 도를 넘은 위계질서는 존재했고, 그로 인해 부당한 상황도 종종 발생했다.

홍콩 비행 때의 일이었다. 그 비행의 사무장은 이집트 출신이었다. 그녀는 처음부터 나를 애먹이려고 작정한 것 같았다. Safety안전 매뉴얼와 First Aid응급구조 관련 질문을 할 때부터였다. 그녀는 내게만 상당히 까다로운 질문을 했다. 그것까진 괜찮았다.

그런데 대답할 때 토씨 하나라도 틀리면 윽박을 질렀다. 심지어 같이 비행할 수 없을 것 같다는 얘기도 했다. 처음에는 너무 괴로웠다. 무서웠다. 왜 나를 싫어하는지 궁금했다. 그녀는 비행 중에도 종종 내게 부당한 지시를 했다. 아무리 선배지만 부당한 것은 참기 힘들었다. 지렁이도 밟으면 꿈틀한다는 말이 있다. 나는 결국 소신 있는 태도를 보였다. 아닌 것 같으면 아니라고 얘기했다. 그러자 사무장은 나를 다르게 보기 시작했다. 만만하게 봐서는 안 되겠다고 생각한 것이다.

아무리 후배라도, 혹은 어린아이라도 자신만의 생각이 있는 것이다. 무시하고 강요할 수 있는 상대는 아무도 없다. 어느 조직에서나 위계질서는 존재한다. 특히 승무원은 안전을 중요시하기 때문에 위계질서가 있어야 하는 직업군이다. 그중 직급이나 위치를 이용해 부당한 상황을 연출하는 사람도 있다.

그러나 벌써 겁먹을 필요는 없다. 어느 조직에서나 나와 맞는 사람이 있고, 나를 미워하는 사람도 있다. 모든 사람이 나를 좋아할 수 없는 법이다. 이런 생각을 갖고 소신 있게 행동하면 된다.

"승무원은 여행 다니면서 일도 하고 돈도 버는 일이잖아요. 하, 정말 좋은데요? 그렇게 편한 직업이라면 저도 하고 싶네요. 아무 생각 없이 일하고 싶네요. 저는 늘 공부해야 하는 일을 해서요."

한 지인이 이런 말을 했다. 승무원이라는 직업을 경험해보지 않은 사람이라면 오해할 수 있다. 하지만 잘 모르면서 자신의 생각을 일반화하는 것은 조심해야 한다. 이 세상에 편하고 쉬운 일은 없다.

4만 피트 상공에서 승무원으로서 해결해야 할 일도 그렇다. 문제가 한꺼번에 생기는 경우도 많다. 승무원은 승객들의 민원을 해결해야 함과 동시에 질 높은 서비스도 제공해야 한다. 또한 안전에 위협을 가하는 상황이 있는지도 늘 주시해야 한다. 따라서 다양한 자질이 요구된다.

대부분 사람은 승무원의 자격 요건에 대한 오해로 외모 기준과 언어 실력에 대한 선입견을 갖고 있다. 예쁜 외모보다는 편안한 인상을 선호한다. 의사소통에 문제없을 정도의 영어 실력을 갖춰서 다양한 동료들과 어울릴 줄 알면 된다.

외국 항공사 승무원이라고 해서 위계질서가 없는 자유로운 분위기에서 일하는 것은 아니다. 모든 조직에는 위계질서가 존재한다는 점을 기억하자. 승무원이라는 직업은 결코 쉬운 일이 아니다. 단순히 기내에서 식사 서비스만 제공하는 것이 아니다.

외국 항공사 승무원이 되고 싶다면 다양한 오해에서 빨리 벗어나길 바란다. 승무원이라는 직업에 대해 바르게 이해해야 한다.

7,000km 장거리 연애
어떻게 가능할까?

'우린 아주 특별한 연인이었다. 하지만 그 특별함도 시간 앞에서 생활 앞에서 지극히 평범해져 가고 있었다. 누구나 그렇듯 우린 무뎌졌다. 그리고 결국엔 그 소홀함과 무뎌짐들에 익숙해져버렸다. 그렇게 우린 전혀 특별하지 않은 연인이 되어갔고 그렇게 우린 헤어지지 않은 채 헤어졌다.'

_tvn 〈응답하라 1994〉 중에서

대부분의 사람들은 자신과 맺어진 모든 인연을 특별하게 여긴다. 사랑하는 사람과의 관계에 있어서는 특히 이러한 생각에 가속도가 붙는다. 사랑하는 사람과 함께라면 이 세상 어떤 고난과 역경도 견뎌낼 수 있다고 생각하게 된다. 그래서 장거리 연애를 하는 많은 연인들이 확신에 찬 말투로 이런 얘기를 한다.

"우리는 달라요. 잘 이겨낼 수 있어요."

장거리 연애를 할 때는 서로에 대한 믿음이 기반되어야 한다. 그런데 사랑하는 사람이 지구 반대편에 살고 있어도 믿음 하나만으로 끈끈한 관계를 이어갈 수 있을까? 나는 그렇지 않다고 생각한다. 거리의 한계를 뛰어넘는 노력과 상상 이상의 인내가 반드시 필요하기 때문이다. 여기서 말하는 노력과 인내는 상대방을 인정하고 받아들이는 것이다. 처음에는 연락을 자주 함으로써 모든 일상을 공유하려는 노력을 기울인다.

하지만 시간이 갈수록 한쪽에서 혹은 양쪽에서 점점 연락이 뜸해지는 경우가 많다. 사람은 상황에 익숙해지고 변하게 되는 것이 맞다. 변하게 되는 것은 당연한 이치인데, 이것을 받아들이냐 아니냐에 따라 그 끝은 달라진다.

카타르 항공 승무원에게 반드시 거쳐야 하는 난제가 있었는데, 그것은 바로 장거리 연애였다. 꿈을 이루기 위해 사랑하는 사람을 한국에 남겨둔 채 7,000km나 떨어진 카타르로 떠날 때의 마음은 그 어떤 말로도 표현할 수 없다. 아마 100:1의 경쟁률을 자랑하는 면접에 통과하는 것보다 더 힘든 과정이 아닐까 생각한다. 그러나 사랑하는 사람의 앞날을 위해 떠나가는 모습을 지켜봐야만 하는 남겨진 이의 마음 또한 겪어보지 않으면 헤아릴 수 없을 것이다.

카타르 항공에서 근무하던 시절 몇 천 킬로미터나 떨어진 본국에 연인을 두고 온 동료들을 만나면 하나같이 물리적 거리는 숫자에 불과하다고들 했다. 그들은 서로에 대한 믿음이 강하기에 지구 반대편에 살아도 설령 다른 행성에 살아도 자신들의 사랑에는 아무런 문제가 없을 것이라 했다.

내 지인 S양은 쉬는 날마다 한국에 있는 연인과 온종일 영상 통화를 하곤 했다. 그녀는 영상으로나마 서로의 일상을 공유하고 함께 시간을 보내고 싶었던 것이다.

또 어떤 지인 J는 쉬는 날마다 한국행 비행기를 타기도 했다. 그녀는 24시간도 채 안 되는 짧은 체류 시간에도 연인과의 한 끼 식사를 위해 한국으로 간 것이다. 8시간의 비행 시간쯤은 아무것도 아니라고 했다. 연락을 잘 못하니까 이렇게라도 얼굴을 봐야 한다고 했다. 동료들은 한국에서 7천 킬로미터나 떨어진 카타르에서 각자 최선의 방법으로 자신들만의 인연을 소중히 여겼다.

그들을 보며 그저 경이로움을 표현할 수밖에 없었다. 나의 경우는 그녀들과는 조금 달랐기 때문이다. 모두가 엄청난 인내와 노력으로 유지하고자 했던 '시간'과 '생활 공유'가 나에게는 가장 어려운 숙제처럼 다가왔다. 만약 카타르에서만 생활했다면 가능했을지도 모른다.

하지만 카타르 항공 승무원은 세계를 다녔다. 한 달의 반 이상은 해외에서 보내야 했다. 카타르는 한국보다 6시간이 느리다. 카타르

보다 더 먼 곳으로 비행을 가면 한국과 시간 차이가 8시간 이상인 경우가 대다수였다. 내가 있는 곳은 대낮인데 한국은 한밤중이니 연락의 횟수가 줄 수밖에 없었다. 자연스럽게 안부도, 일상 공유도 뜸해지기 시작했다.

뜸해지는 연락만큼이나 나의 마음도 무섭게 식어버렸다. 오히려 상황이 그렇게 된 것을 상대의 탓으로 돌렸다. 내가 불규칙적인 생활을 하고 타국에서 살고 있으니 비교적 안정적으로 지내는 쪽에서 나에게 다 맞춰야 한다고 착각했다. 내 삶이 너무 바쁘고 치열하다고 생각했기에 타인의 삶이 얼마나 힘든지는 안중에도 없었던 것이다.

매일 비행기에서 드라마 같은 상황을 실컷 겪고 온몸이 지쳐 숙소로 돌아오면 이 삭막한 중동 하늘 아래에 오로지 나 혼자 남겨진 느낌이 들었다. 온 세상과의 소통이 단절된 좁은 비행기에서 혼이 탈탈 털리도록 10시간 넘게 일을 하고 땅에 발을 디뎠을 때 나를 기다려주는 사람이 있으면 좋겠다고만 생각했다. 기다리는 일이 얼마나 힘들고 외로운 일인지 알지도 못했으면서 말이다. 어떻게든 곁에 있는 연인을 붙잡기 위해 고군분투하는 주위의 동료들을 보며 생각했다.

'시간과 생활 앞에서 무뎌지지 않는 사람이 있긴 한 걸까?', '나에게는 왜 이렇게 어려운 일이 된 걸까?'

특별하다 믿었던 나의 이야기도 평범해졌고 결국 죄책감을 이기지 못한 나는 장거리 연애의 실패를 맞이했다.

쉬는 날에도 한국행 비행기에 탑승하고 매달 인천 비행에만 목숨 걸었던 J는 그때 연인이었던 사람과 현재 누구보다도 행복한 신혼생활을 보내고 있다. 그녀가 만약 사랑받기만을 원했다면 지금과는 다른 결과를 맞이했을 것이다. '굳이 내가 왜? 한 번쯤은 좀 와주면 안 되나?' 하는 생각에 서운함을 느꼈을 것이다. 서운함은 불만으로 번지게 된다.

결국 연인을 만나러 가는 일이 무거운 짐처럼 느껴지지 않았을까 생각한다. 하지만 그녀는 비행으로 지친 몸을 이끌고 또다시 한국행 비행기를 타면서도 힘든 내색을 하지 않았다. 장거리 연애의 전쟁에서 이길 수 있었던 이유는 그녀가 사랑은 받는 것이 아니라 주는 것이라고 알고 있었기 때문이다.

지금에 와서 생각해보면 그때 나는 자신을 사랑하는 방법을 몰랐던 것 같다. 진정으로 나를 사랑했다면 상대방에게 사랑받으려고만 하지 않았을 것이다. 실망하거나 상처받는 일 또한 없었을 것이다. 내 안에 나를 사랑하는 마음이 없었기에 타인에게 줄 사랑도 없었다. 오히려 나 자신에게 집중하고 나의 감정에 더욱 솔직했어야 했다.

장거리 연애에 성공하기 위해서는 자기 자신을 온전히 받아들이고 사랑하는 마음이 우선이다. 자신을 인정해야 상대방도 더 사랑하고 받아들일 수 있다. 그리고 상대를 바꿔야 할 필요성도 사라지므로 자신에게 맞춰주지 않는다고 속상해할 일도 없게 된다.

장거리 연애를 하는 사람은 상대방의 연락 횟수가 곧 사랑과 직결된다고 착각한다. 사실은 그렇지 않다. 그것은 내가 베푼 것에 대한 일 대 일식 보답이라고 생각해서다. "내가 이만큼 해주었으니 너도 나에게 그만큼 사랑을 줘야 해."라고 따져들기 시작하면 조건을 따지는 사랑이 된다. 그리고 그 연애는 이미 끝을 향해 달려가고 있는 것이다. 성숙한 관계는 아무런 조건 없이 상대를 수용하는 것이다. 그렇게 서로를 받아들이면 추구하는 가치가 달라도 관계가 쉽게 깨지지 않는다.

누군가 나에게 어떻게 7천 킬로미터의 장거리 연애가 가능하냐고 묻는다면 먼저 이렇게 묻고 싶다. 당신 안에는 자신을 사랑하는 마음이 충분히 존재하는지를. 만약 그렇다면 7,000km가 아니라 지구 가장 먼 곳에 살고 있더라도 장거리 연애는 가능하다.

톨스토이는 이렇게 말한다. '무언가 두렵다면 그 이유가 바깥이 아닌 바로 자기 안에 있음을 기억하자.' 장거리 연애가 두렵다면 그 이유는 바로 내 마음에 있는 것이다. 나를 온전히 받아들이지 못하는 마음을 인정하고 받아들이는 연습을 하자. 그렇다면 장거리 연애의 두려움과 걱정에서 자유로워질 것이다.

Emergency during the flight
아찔했던 브라질 비행

얼마 전 뉴스를 보았다. 한 경비행기가 추락했다. '추락'이라는 단어만으로도 가슴이 철렁했다. 전원이 사망했다는 사실은 더욱 충격이었다. 승객들은 단 한 번의 사고로 소중한 생명을 잃고 말았다. 정말 슬픈 일이었다. 사고 직후, 뉴스나 시사 프로그램은 사고 원인을 취재했다. 사고 현장을 보여주던 한 장면이 생생하게 기억난다.

시커먼 재로 변해버린 비행기 모습이 보였다. 곳곳에는 힘없이 축 늘어진 산소 마스크들이 널브러져 있었다. 참혹한 현장은 사고 당시의 절박함을 말해주고 있었다. '만약 저기에 타고 있던 사람이 내 가족이라면 어땠을까? 내 친구라면 어떤 심정일까?' 상상만 해도 눈물이 나올 지경이었다. 비행기 사고 소식은 나의 아찔했던 브라질 비행을 떠올리게 했다.

브라질에서 아르헨티나로 향하는 비행이었다. 이륙 후 나는 귀가 아팠다. 조금 지나니 턱관절이 조이는 느낌까지 들었다. 어지러웠다. 다른 동료들을 보니 아무렇지 않은 듯했다. 나는 그저 피곤한 탓이라 여겼다. 그런데 점점 증상이 심해지고 있었다. 숨을 쉬는 게 편하지 않았던 것이다. 심지어 머리에서 윙윙거리는 소리가 들렸다. 마치 내 몸이 땅으로 꺼지는 것 같았다. 곧 괜찮아질 줄 알았다. 비행기 뒤쪽으로 걸어갔다.

그런데 더욱 심한 어지러움을 느꼈다. 결국 그 자리에 주저앉고 말았다. 당황한 동료들이 나를 일으켜 세웠다. 잠시 후 다른 동료도 심한 어지럼증을 호소했다. 승객들도 이상한 증세를 느낀 듯했다. 우리는 비행기 뒤쪽 공간에 모였다. 마침 기장님의 호출이 걸려왔다. 옆에 있던 사무장이 인터폰을 받았다. 통화 내내 꽤 심각한 표정을 짓고 있었다. 인터폰을 끊은 그녀가 어렵게 입을 열었다.

"여러분, 기체 결함이 발견됐습니다. 우리는 브라질 공항으로 회항할 거예요. 그 과정에 비상착륙을 할 가능성이 매우 높습니다. 일단 착륙 준비를 하고 자리에 앉아 대기하세요. 다시 기장님이 상황 보고하실 거예요."

놀람도 잠시 우리는 빨리 착륙 준비를 해야 했다. 준비를 끝낸 뒤 모두 자리에 앉았다. 나와 동료들은 기장님의 호출을 기다렸다. 그 순간 객실에서 믿을 수 없는 소리가 들렸다.

"CSD사무장 to the flight deck조종실, CSD to the flight deck"

비행 중에 비상 상황을 알리는 기내 방송이었다. 여기저기서 '헉!' 하는 소리가 나왔다. 비행 경력이 많은 사무장도 놀라긴 마찬가지였다. 정신없는 와중에 다시 인터폰이 울렸다.

"지금 이대로 비행하면 우리 모두 위험합니다. 급격하게 고도를 낮춰서 착륙을 시도하는 중입니다. 크래시 랜딩Crash landing, 항공기가 고장, 연료 부족, 기상악화 등으로 불시착하는 일이 될 수도 있어요. 비상착륙에 대한 모든 매뉴얼대로 대비해주세요. 최선을 다 할게요. 여러분도 최선을 다해 주세요. 모두 행운을 빕니다."

인터폰을 끊었다. 우리 모두 아무 말이 없었다. '도대체 왜?' 하는 반응도 없었다. 다들 묵묵히 무언가를 생각하는 것 같았다. 동료들은 안전 매뉴얼을 외우고 있었다. 그 순간 부사무장은 우리에게 갑자기 고맙다며 인사를 했다. 고맙다는 인사의 뜻은 어떤 의미였을까? 듬직한 동료들이 고마워서였을까? 아니면 혹시 마지막일지 모르는 순간이라서? 혼란스러웠다.

연구에 따르면, 비행기 사고가 일어날 확률은 매우 낮다고 한다. 오히려 자동차보다도 안전한 교통수단이다. 그러나 한 번 사고가 나면 생명의 보장은 어렵다. 그래서 항공업에서는 안전이 최우선이다. 승무원은 안전 지침에 대한 숙지가 필수 조건이다. 옆구리를 쿡 찌르면 툭 하고 나올 정도로 숙지가 되어 있어야 한다. 매뉴얼은 생각보다 다양하고 복잡하다.

예를 들어 비행기 기종에 따라 비상출구가 다르다. 바다에 착륙하느냐 땅에 하느냐에 따라서도 달라진다. 사고 원인이 화재인지, 비행기 파손인지 등도 고려해야 한다. 두려움에 떨고 있을 승객들도 진정시켜야 한다. 냉철한 시각으로 상황을 봐야 한다. 아무리 긴박한 상황에서도 정확히 상황을 판단해야 한다. 승무원은 긴급 상황 시 당황하거나 망설일 틈이 없다. 사고의 위험을 줄이는 것은 승무원의 대처 능력에 달려 있기 때문이다.

우리는 각자 머릿속으로 비상사태의 시뮬레이션을 마쳤다. 승객들은 고통을 호소했다. 공포에 가득한 얼굴로 우리를 쳐다봤다. 무슨 말이라도 해달라는 눈빛을 보냈다. 무사할 거라며 우리는 그들을 달랬다. 승객들은 곧 진정되었다. 우리는 간절한 마음으로 착륙을 기다렸다. 나는 이날 '추억이 주마등처럼 스쳐 지나간다'는 말을 실감했다. 내가 살아온 날들이 하나씩 떠올랐던 것이다.

내 삶은 치열했다. 매사가 두려웠다. 안 좋은 일이 생겨도 그것이 인생이라 여겼다. 끊임없이 남들과 비교했다. 자존감이 낮았다. 나에 대한 확신도 없었다. 그동안 내 삶은 아름답지 않다고 생각했다. 나의 가치를 몰랐기 때문이다. 존재의 가치를 결과물로 보여야 한다고 믿었다. 취업을 해야 성공한 삶이라 믿었다. 영어를 잘해야만 멋있다고 생각했다. 남들보다 더 뛰어나고 싶었다. 나 자신을 아무런 조건 없이 바라본 적이 없었다. 투쟁의 연속이었던 내 삶은 내가 만든 것이었다.

내게 삶은 매 순간 일어나는 작은 사건들로 이루어진 시간들이었다. 길을 걷다가 길을 잃어도 내 삶이었다. 한 걸음씩 내딛는 발자국마저 내 삶이었다. 또한 있는 그대로의 나를 바라보지 못했던 것도 내 삶이었다. 이제 내가 겪지 못한 삶이 있다면, 그것은 아마 나로 살아가는 기쁨을 느끼는 것이 아닐까?

신은 내가 삶을 더 배우길 바랐던 것 같다. 우리 비행기는 가까스로 불시착을 피할 수 있었다. 동료들과 삶과 죽음의 기로에서 함께 견뎌냈다. 동료들에게 너무 고마웠다.

사고는 한 엔지니어의 안일한 마음으로부터 시작되었다. 그는 비행기의 산소 밸브가 다 열렸는지 확인하지 않았다. 별일 없을 것으로 생각했다. 그는 산소 밸브 하나가 잠겨 있었던 것을 미처 발견하지 못했다. 그로 인해 기내 산소가 부족해진 것이었다. 내가 갑자기 어지럽고 귀가 아팠던 이유였다.

엔지니어의 해명을 듣고 정말 황당했다. 그가 실수였다고 말하고 있었기 때문이다. 사람은 누구나 실수를 한다. 실수를 통해 배우고 성장한다. 하지만 실수가 용납될 수 없는 상황도 분명히 존재한다. 안전과 관련된 상황에서는 실수를 하면 안 된다. 단 1%의 위험 가능성이 있어도 안전하다고 말해서는 안 되는 것이다.

그의 실수로 250명의 목숨이 위태로울 뻔했다. 상상해보라. 얼마나 아찔한가. 비행기 사고는 벼락 맞을 확률처럼 일어날 가능성이 희박하다. 하지만 그 희박한 확률마저 진지한 자세로 받아들여야 한다. 이것이야말로 진정한 항공업계 종사자가 아닐까 생각한다.

브라질 비행에서 큰 사고가 나지 않았던 진짜 이유는 무엇일까? 모든 상황에 동료들이 준비되어 있었기 때문이다. 기장님은 현명한 판단으로 빨리 비행기를 회항시켰다. 그 사이 승무원들은 훌륭한 대처 능력을 보여주었다. 모두가 오로지 안전, 이것 하나만 생각했다.

승무원들이 비행을 시작할 때 늘 하는 말이 있다. "Safe flight!"이다. 입사와 동시에 안전 교육을 받게 되는 이유는 안전이 중요하기 때문이다. 승무원이라는 직업이 존재하는 이유도 안전한 비행을 위해서다. 그만큼 승무원은 안전에 대한 지식과 책임감이 필요하다. 응급 상황은 누구에게나 일어날 수 있다. 당신에게도 일어날 수 있는 일이다. 귀찮다고 안전 점검을 하지 않고 넘어가는 일은 없도록 하자. 누군가의 안일한 생각에 수백 명의 목숨이 위태로워질 수 있다.

최대의 위기
내겐 오지 않을 것 같았던 슬럼프

"계속 신던 부츠가 헐어버렸어요. 부츠를 새로 샀는데 발에 맞지 않는 거예요. 6개월 신던 부츠를 3개월, 1개월, 1주일 간격으로 바꿔 신었어요. 여전히 발에 안 맞았어요. 그러다 보니 발에 부상을 입게 되고 마음도 다쳤죠. 큰 슬럼프가 찾아오더라고요. 모든 것을 포기하고 싶었어요."

2010년 〈무릎팍 도사〉에 출연한 김연아 선수가 말했다. 그녀는 '피겨 여왕'이라는 수식어가 붙을 정도로 세계 정상의 위치에 있었다. 김연아 선수의 경기 장면을 보면 마치 내가 그 현장에 있는 것만 같았다. 그녀가 가진 에너지는 말로 설명할 수 없을 정도로 대단했다. 그랬던 그녀에게도 힘든 시간은 존재했다.

내게도 절대로 오지 않을 것만 같았던 슬럼프가 찾아왔다. 비행을 시작한 지 2년쯤 지났을 때였다. 꿈에 그리던 외국 항공사 승무원이 되면 삶이 달라질 줄 알았다. 매일 1분 1초가 행복하고 의미 있을 줄 알았다.

하지만 현실은 정반대였다. 하루하루 온 신경을 비행에 쏟아 부었고 육체는 늘 피로했다. 비행에서 돌아오면 부족한 잠을 충전하기 바빴다. 시체처럼 누워 있는 것 말고는 아무것도 하지 않았다. 매 비행이 끝나면 미션을 완료한 기분이었다. 좋아서가 아니라 억지로 해야 하는 일을 하는 것 같았다. 어느새 내 마음은 부정적인 생각들로 꽉 차 있었다. 그래서 결국 슬럼프에 빠지고 말았다.

당장 뭐라도 해야 할 것 같았다. 어느 날은 침대에서 꼼짝도 하지 않다가 몸을 일으켰다. 책장에 꽂혀 있던 자기계발서를 꺼내 들었다. 책은 '긍정적으로 생각해라' '더 긍정적으로 살면 된다'고 얘기하고 있었다. 책의 말대로 긍정적인 힘이 부족해서 그런 것이라고 믿었다. 긍정적으로 변하고 싶었다.

먼저 내가 좋아하는 것들을 해보기로 했다. 영화를 보기 시작했다. 영화를 보면 마치 유체이탈한 것 같은 기분이 들었다. 몸은 침대에 누워 있고 정신은 화면에 들어가 있었다. 하지만 영화가 끝나면 다시 현실로 돌아왔다. 여전히 무기력했다. 좋아하는 여행을 해도 마찬가지였다. 여행 계획을 세울 때는 무척 설렜다. 여행 중에는 모든 고민이 해결된 것만 같았다.

그런데 여행에서 돌아오면 너무 허무했다. 허탈함은 나를 괴롭혔다. 상황은 점점 심각해졌다. 히루는 비행을 가는데 유니폼 모자를 푹 눌러쓴 채 눈물을 흘리기도 했다. 비행을 가는 것조차 힘들어져서 병가를 낸 적도 있었다. 정말 이러다가 심한 우울증에 걸릴 것만 같았다.

도움을 받아보기로 했다. 혼자서 끙끙 앓는 것보다 나을 것 같았다. 그래서 친한 친구에게 고민을 털어놓았다. 친구는 내 말이 다 끝나기도 전에 입을 열었다.

"한국에는 너보다 못 벌고 어렵게 사는 사람들이 얼마나 많은데! 일은 더 많이 하는데 월급은 쥐꼬리만큼 받으면서 살아. 너 정도면 진짜 행복한 거야."

친구의 말은 사실이었다. 사람들은 야근을 밥 먹듯이 했다. 일하는 것에 비하면 월급은 적었다. 사실만 따지자면 사람들보다 내 상황이 훨씬 나았다. 그런데도 친구의 말은 해결책이 되어주지 못했다. 마치 밥 먹기 싫은 아이에게 "아프리카에 굶어 죽는 사람이 얼마나 많은 줄 아니? 그러니까 그냥 먹어."라고 얘기하는 것과 같았다. 왜 먹기 싫은지, 어떻게 하면 먹고 싶게 만들 수 있을지는 궁금해 하지 않고서 말이다.

우리 부모님도 마찬가지였다. 부모님은 지금 내가 있는 자리를 원하는 사람이 많으니 좋게 생각하라고 했다. 사람들이 나의 고통을 줄이기 위해 억지로 진통제를 주입시켜주는 기분이었다.

우리는 왜 늘 긍정적이어야 한다고 생각할까? 있는 그대로의 자신을 괜찮은 존재로 보지 않기 때문이다. 자기 자신의 부정적인 모습을 긍정으로 포장하려는 것이다. 나는 꿈을 이루었음에도 회의감을 느꼈다. 그런 나 자신을 스스로 이해하지 못했다. 이 상황을 얼른 탈출하고만 싶었다. 주변 사람들 역시 번듯한 직장에 다니면서 불평하는 나를 이해하지 못했다.

세상은 '긍정'만이 유일한 해결책이라고 말하고 있었다. 이 세상 모든 이가 긍정에 중독된 것은 아닌가 싶었다. 긍정적인 자세를 취하기 위해 나는 '좋아하는 것'에만 집중했다. 그리고 마음이 바닥까지 내려앉고 나서야 알 수 있었다. 내 마음을 충분히 돌보지 않았다는 것을. 오히려 마음의 상처를 가리기 위해 반창고를 붙이고 있었다. 하지만 상처는 늘 그 자리에 있었다.

그러던 어느 날이었다. 〈세상에 단 하나뿐인 강의〉에 개그우먼 조혜련 씨가 나와서 강연하는 것을 보게 되었다. 그녀가 일본 진출에 성공하고 돌아왔을 때 그녀를 유일하게 반겨줬던 것은 비난의 화살이라고 했다. 당시 너무 괴로웠다고 한다. 그녀의 얘기에 나는 몸을 일으켰다.

그리고 마지막으로 그녀가 전한 메시지는 이랬다. 억지로 긍정적인 내 모습을 만들기 위해 자기 자신을 괴롭히지 말라는 것이다.

그러기 위해서는 지금 이 순간을 살아야 한다고 했다.

그녀의 말처럼 현재에 집중해보기로 했다. 지금 내가 느끼는 감정을 가만히 들여다보았다. 내 마음이 흘러가는 대로 따라가 보았다. 1~2분 정도 침묵이 흘렀더니 부정적인 생각들이 하나둘 내 앞에 나타나기 시작했다.

'언제쯤 이 답답한 동굴에서 벗어날 수 있을까?', '이런다고 나아지는 게 있을까?'

안 좋은 생각이 떠오르면 떠오르는 대로 지켜봤다. 그러자 가슴을 꽉 짓누르듯 답답했던 증상이 조금씩 사라지기 시작했다. 내 마음을 가만히 지켜보기만 했는데도 괴로운 증상은 달아나버렸다. 그렇다고 스트레스가 모두 사라진 것은 아니었다. 관찰하는 것만으로도 조금씩 괜찮아졌다. 나의 감정을 나 자신과 분리해서 지켜볼 수 있었기 때문이다. 부정적인 생각의 흐름에 더는 함께 휩쓸려가지 않았다. 생각의 흐름을 능동적으로 타고 있었다.

이후로도 마음이 힘들면 '지금'에 머물렀다. 그리고 내 마음의 고통에 귀를 기울였다. 그러면서 나 자신을 자책하는 것도 멈추게 되었다. 사람들에게 긍정적인 모습을 보이려 노력하지도 않았다. '왜 나는 이 비행이 가기 싫지? 다른 사람들은 부러워만 하는데.' 하며 나를 다그치지 않았다. 가기 싫은 비행이 있으면 '아, 나는 비행을 하러 가기 싫구나.' 하고 매 순간 마음의 상태를 알아차렸다. 고통을 인지하는 것만으로도 마음이 편했다.

마음이 가벼워지니 점점 활기를 되찾았다. 더는 누워서 이불만 뒤집어쓰고 있지 않았다. 몸을 움직이고 밖으로 나가 사람들과 밝은 대화를 나누기도 했다.

나에게 슬럼프를 이겨내는 최선의 방법은 정면 돌파하는 것이었다. 즉, 슬럼프를 마주하고 지켜보라는 것이다. 사람들은 상대방이 마음을 드러낼 여지를 잘 주지 않는다. 오히려 '긍정'이라는 진부한 조언을 건넬 뿐이다. 아무리 '긍정'이 좋다고 하지만 아무런 도움이 되지 않을 때도 있는 것이다. '긍정적인 생각만이 답이다'는 믿음은 힘든 사람의 마음을 더 괴롭힌다.

슬럼프가 오면 힘들고 혼란스럽다. 당연한 감정이다. 고통을 느끼는 자신을 부끄럽게 여기지 않아도 된다. 그러니 긍정을 강요하는 사람들의 말에 흔들릴 필요가 없다. 차라리 고통을 인정하고 받아들이면 어떨까. 충분히 수용되고 확인된 고통은 스스로 떠나기 마련이다. 고통이 다시 찾아와도 괜찮다면 당신은 슬럼프로부터 자유로워졌다는 뜻이다.

chapter 3

영알못이
승무원 1등 영어 강사가 된 공부법

Output을 늘리려면
Input을 늘려라

대학교 4학년. 영어회화 시간이었다. 수업이 시작되기 전, 원어민 선생님은 내게 인사를 건넸다.

"How are you?"

고개를 두리번거렸다. 혹시 다른 학생한테 인사한 것은 아닐까 해서였다. 어리둥절한 표정으로 선생님을 바라봤다. "I am fine. Thank you, and you?"라는 말이 목 끝까지 올라왔지만 차마 내뱉을 수 없었다. 내 이름을 마치 '철수, 영희'로 소개하는 것 같은 진부한 느낌이 들었기 때문이다.

하지만 이 표현 말고는 할 줄 아는 말이 없었다. 나는 대답 없이 그저 웃어 보였을 뿐이다. 더욱 신기한 건 인사말에 제대로 대답 못한 사람은 나뿐만이 아니었다는 것이다. 원어민 선생님이 다른 학생들에게도 차례대로 인사했지만 돌아오는 대답은 학생들의 멋

쩍은 미소뿐이었다.

학교에서 10년 동안 영어를 배웠다. 그런데도 왜 영어로 인사조차 제대로 못했을까? 영어로 말하는 연습을 하지 않았기 때문이다. 즉, 영어를 눈으로 이해만 하고 넘어갔다는 말이다.

그렇다면 말하는 연습을 왜 안 했던 것일까? 우리나라 영어 교육 시스템이 그렇게 만든 것이다. 중, 고등학교에서 잘못된 방식으로 영어를 기르치기도 했다. 선생님들은 시험에 나올 만한 것들 위주로만 가르쳤다. 학생들은 시험 문제를 하나라도 더 맞추기 위해 단어와 문법을 무조건 암기했다.

심지어 한 인터넷 수능 강의에서는 이런 것을 가르치기도 했다. 영어 시험에서 답을 고르는 공식 같은 것 말이다. 오로지 주어진 보기에서 답을 잘 고르는 것이 우리의 목표였다. 그러므로 영어로 말하는 것을 배운 적도 연습한 적도 없었던 것이다.

고등학교 영어 시간이었다. 나는 선생님께 질문했다.

"선생님! 저 과거분사가 이해되지 않아요. have는 알겠는데 왜 뒤에 p.p가 오죠? 그리고 p.p는 도대체 뭐죠?"

선생님이 한숨을 쉬었다.

"여기 쓰여 있잖아. 휴, 아까 안 듣고 뭐 했어? 그냥 외워. 시험에 그거 나오면 그냥 과거분사 형태를 찍으라고."

안 들은 게 아니었다. 들어도 이해가 가지 않았다. 우리나라 문법에는 '과거분사'가 없다. 이해하기 어려운 것이 사실이다. 선생님은 왜 과거분사가 존재하는지, 어떤 상황에 쓰이는지 충분히 설명해 주지 않았다. 시험에 이런 문제가 나오면 이런 식으로 접근하라는 식의 공식만 알려주셨다.

주입식 교육으로 영어를 배우니, 영어에 흥미가 없었다. 흥미를 잃자 영어가 어렵게 느껴졌다. 쉽게 말해 영포자가 된 것이다. 하지만 정확히 6년 뒤, 나는 외국 항공사 승무원이 되어 영어로 다양한 사람들과 소통할 수 있게 되었다.

영포자였던 내가 어떻게 영어를 잘하게 되었을까? 가장 먼저 한 일은 Output 늘리기였다. 즉, 내가 할 줄 아는 영어를 입 밖으로 꺼내기 시작한 것이다. 하지만 얼마 지나지 않아 영어로 말하기에 한계를 느꼈다.

말을 잘 하려면 말할 재료가 충분히 있어야 하는데, 내게는 그 재료가 턱없이 부족했기 때문이다. 말할 밑천을 만들기 위해서 Input을 늘리는 것도 필요했다. 다시 말해서 Input이 Output이 되고 Output은 또 다른 Input을 필요로 하는 셈이다. Input을 늘릴 수 있었던 방법을 3가지로 정리해 보았다.

첫 번째, 쉬운 영어 문장들을 외우고 말하기를 반복했다.

왜 '쉬운 영어'여야 할까? 기초가 탄탄해야 되기 때문이다. 아이들이 처음 말을 배울 때를 생각해보자. 아이들은 쉬운 단어와 문장으로 의사 표현을 한다. 외국어도 마찬가지다. 쉬운 어휘의 표현들로 말하기 연습을 하면 된다.

30년 넘게 야구 지도자로 계셨던 아빠가 이런 얘기를 하신 적이 있다.

"나는 야구를 가르칠 때 다른 기술보다 체력 훈련을 최우선으로 생각해. 기초가 되어 있지 않으면 아무리 다른 기술을 가르쳐 봐도 소용없거든."

뭐든지 기초가 중요하다. 하지만 나는 가장 중요한 기초에 소홀했다. 'How are you?'라는 말에 'I am good', 'Perfect!' 정도의 간단한 대답조차 하지 못했다. '쉬운 영어'에 대한 Input이 필요했던 것이다.

그렇다면 쉬운 표현의 문장들을 어떻게 공부하면 좋을까? 나에게 맞는 좋은 Input을 넣으면 된다. 나는 기초 문장들을 활용한 책 한 권을 통째로 외웠다. 내가 외운 책은 《Grammar In Use》였다. 책은 총 130unit이 있었는데, 하루에 한 unit씩 누적해서 외웠다. 오늘 unit 1을 외웠다면, 다음날은 unit 1, 2를 외우는 것이다. 내가 꼭 쓸 만한 표현들은 나만의 노트에 따로 정리해 두기도 했다.

지금도 영어 공부를 처음 시작하는 학생들에게 이 책을 추천해 준다. 꼭 이 책이 아니어도 좋다. 자기 자신에게 쉽고 유용한 문장들이 많은 책을 고르면 된다. 단, 너무 어려운 표현들이 많은 책은 피하도록 하자. 내가 책을 완벽하게 소화할 수 있을 정도여야 한다. 영어를 잘하는 사람들은 쉽게 말하는 편이다. 실제로 내 주위에 영어 강사들이나 교포 친구들을 보면 쉬운 문장으로 얘기한다. 쉬운 문장부터 차근차근 말하는 연습을 하면 된다.

두 번째, 영어 공부에 충분한 시간을 투자했다.

'말이 익숙해지려면 상상할 수 없을 정도로 많은 시간 동안 노출되어야 한다. 그 시간 동안 그 말을 직접 입으로 말해 봐야 한다. 귀와 머리를 혹사해가면서 의미를 이해하고 받아들여야 한다.'

한형민 어학원 원장이 했던 말이다. 즉, 영어 공부에 노출되는 시간을 최대한으로 늘려야 한다는 말이다. 영어를 배우기만 하고 일상생활에서 사용하지 않는 환경일수록 의도적으로 노력해야 한다. 특별한 경우가 아닌 이상 어학연수를 간 사람들이 영어를 더 잘하는 이유는 단순하다. 늘 영어를 사용하는 환경에 있었기 때문이다.

나는 되도록 하루에 6시간은 영어 공부에 투자하려고 노력했다. 아르바이트하느라 시간이 없을 때는 버스나 지하철 타는 시간을 이용했다. 이동하면서 유용한 표현들을 적어 둔 노트를 봤다. 자투리 시간을 활용하니 오히려 시간을 효율적으로 쓰고 집중도는 배로 늘었다.

도저히 시간을 낼 수 없는 직장인이라면 자투리 시간을 이용해서 하루에 단 1시간이라도 영어 공부에 투자해 보는 것은 어떨까. '일상회화'를 익히는 것부터 시작하면 된다. 불리한 환경일수록 목표는 단순해야 한다. 목표를 정해서 집중적으로 노력하면 불리한 환경에서도 충분히 성과를 낼 수 있다.

세 번째, 실전에 적용해야 한다.

성인이 외국어 단어나 표현을 완벽히 소화하려면 최소한 20번 이상 노출되어야 한다고 한다. 나는 20번의 횟수를 채우기도 전에 새로 배운 표현에 익숙해졌다. 그날 외운 표현은 그날 실전에 적용했기 때문이다. 주로 스터디나 원어민 어학원 수업에서 써먹어 보았다.

이 방법은 내가 한 말이 잘 전달되었는지 확인할 수 있는 좋은 기회였다. 하루는 승무원 면접 스터디에서 '지구 온난화를 예방하려는 방법'이라는 주제로 토의했다. 그 순간 EBS 월간 교재 《입이 트이는 영어》라는 책에서 외운 문장들이 생각났다. 나는 그 문장들을 적절히 이용해서 해결 방안을 제시할 수 있었다.

간혹 실전에 적용해보지 못한 날은 혼자서 말해보곤 했다. 상대방이 있다고 생각하고 연기하듯이 말했다. 거울을 보면서, 샤워하면서, 양치질하면서 끊임없이 혼잣말로 연습했다. 툭 치면 입에서 튀어나올 정도로 말이다. 좋은 재료와 주도적인 연습이 갖춰지면 어떤 주제에 대해서도 내 생각을 전달할 수 있게 되었다. 영어 공부를 시작한 지 정확히 6개월 만이었다.

Output을 잘하려면 Input을 늘려야 한다. 쉬운 표현의 문장을 반복적으로 머릿속에 집어넣어야 한다. 그리고 입으로 말하는 연습도 잊지 말아야 한다. 많은 시간 동안 Input과 Output이 이루어져야 한다. 뻔한 것 같지만 영어 절대로 어렵게 생각하지 말라. 온몸으로 쉬운 것부터 차근차근 해나가면 된다.

젓가락질, 골프, 영어의
공통점

9살 때 여동생과 함께 피아노를 배웠다. 음표를 읽고 손가락으로 건반을 움직이는 것이 너무 신기했다.

"정아야, 엘리제를 위하여 한 번 쳐줘."

집에는 피아노가 한 대 있었는데 엄마는 줄곧 내게 피아노 연주를 부탁했다. 동생과 나의 피아노 연주 실력 차이가 꽤 났기 때문이다. 나는 피아노를 몇 년 동안 꾸준히 배웠다. 반면 여동생은 피아노 학원에 다니다 말다를 반복했다.

그런 탓에 동생은 여전히 음표를 하나하나 보면서 건반을 움직이고 있었고, 나는 악보를 보지 않고도 곡 하나를 연주할 수 있었다. 음표 읽는 법을 완전히 익혔다고 해서 피아노를 잘 치는 것이 아니다. 손가락을 움직이는 근육 운동을 반복적으로 해야만 완벽하게 연주할 수 있다.

영어는 이론으로만 공부하는 것이 아니다. 머리로 이해하고 입으로 내뱉는 운동을 해야 한다. 〈EBS 지식 프라임〉에서 '젓가락질, 골프, 영어의 공통점'이라는 주제로 방송을 한 적이 있다. 젓가락질이나 운동은 근육이 하는 일이다. 처음에는 어렵지만, 근육이 숙달되면 저절로 움직이게 되는 것이다. 마찬가지로 영어도 계속 연습을 하면 뇌가 생각하기도 전에 이미 영어로 말을 하게 된다.

나는 일반 동사의 1, 2인과 3인칭의 변화를 구분해서 사용하는 것이 가장 어려웠다. 이는 동사 구분에 대한 이해와 암기만 한다면 쉽게 소화할 수 있는 문법이다. 그런데도 말을 할 때마다 's'가 붙고 안 붙고가 매번 헷갈렸다. 이것을 틀리지 않고 말하려면 끊임없이 연습해서 입에 숙달되어야 한다. 뇌를 거치지 않고 막힘없이 술술 말해야 한다는 것이다.

영어를 잘하려면 영어에 접근하는 방식부터 바꿔야 한다. 그러나 꾸준히 하지 않으면 영어 실력은 금방 녹슬게 된다. 영어 훈련을 꾸준히 하는 습관은 어떻게 기를 수 있을까? 3가지 핵심 원칙을 살펴보자.

첫째, 달성하기 쉬운 목표를 설정하자.

마라톤 선수들이 대체 42.195km를 어떻게 뛰는지 궁금했다. 단 100m도 뛰기 힘든 내게 마라톤 선수들은 인간의 한계를 넘은 존재로 보였다. 그들은 여러 구간을 쪼개놓고 구간마다 목표 시간을 설정해 놓는다고 했다. '이번 구간은 10분 안에 뛰어야 해.' 하고 현재 달리고 있는 구간만 생각했다. 만약 처음부터 그 긴 거리를 뛰어야 한다고 생각하면 아마 시작하기도 전에 힘이 빠질 것이다.

심리학자 브레츠니츠는 "아무리 힘든 목표라도 작게 쪼개서 생각하면 쉬워진다."라고 말했다. 우리의 뇌는 새로운 변화를 거부하는 경향이 있다. 변화가 클수록 너욱 심해진다. 처음부터 부담스러운 목표를 설정하면 뇌는 두려움을 느낀다. 그래서 작은 목표를 설정해야만 부담감을 느끼지 않게 된다. 더불어 뇌는 새로운 정보를 받아들이기 쉬워지는 것이다.

첫 토익 성적은 460점이었다. 목표는 900점 이상을 받는 것이었다. 얼마 가지 않아 포기하고 싶은 마음이 들었다. 내게 900점이라는 점수는 불가능한 현실로 느껴졌기 때문이다. 그래서 목표를 낮춰보기로 했다. 600점을 받기로 정한 것이다. 오히려 마음이 거뜬해져서 즐겁게 공부할 수 있었다.

승무원 면접을 보기 위해 영어 공부를 할 때도 마찬가지였다. 《Grammar In Use》한 권을 하루에 한 unit씩 외우는 것으로 목표를 정했다. 그날에 정해진 분량만 외운다고 생각하니 부담 없이 꾸준히 할 수 있었다. 그리고 책 한 권을 외웠다는 사실은 내게 성취감을 느끼게 해줬다.

둘째, 즐거움을 찾아야 한다.

다이어트를 할 때 처음에는 살이 쉽게 빠진다. 그런데 시간이 지나면 정체기가 와서 체중계의 숫자는 늘 같은 자리에 머물게 된다. 재미를 금방 잃고 다이어트를 포기하게 된다. 몸무게가 줄어들고 옷이 헐렁해지는 즐거움이 있어야 다이어트도 할 맛이 나기 때문이다.

영어 공부를 할 때도 늘 정체기는 찾아온다. 그동안 실력이 쭉쭉 늘었던 것과는 달리 어느 순간 일정 수준에서 멈춘 듯한 느낌을 받는다. 영어 학원이나 유명 강사들이 '6개월이면 원어민이 될 수 있다' '쉽게 배울 수 있다'와 같은 얘기를 하는 것도 이런 심리를 이용한 것이다.

그렇다면 열심히 하는데도 왜 실력이 늘지 않을까? 영어는 원래 금방 늘지 않는다. 생각만큼 쉽게 잘 할 수 있는 것이 아니다. 나도 3~4개월마다 정체기를 겪었다. 좀처럼 실력이 늘지 않았다. 자신감은 없어지고 어학연수를 이제라도 가야 하는지 고민했다.

하지만 어학연수를 간다고 해도 정체기가 없을 거라는 보장은 없었다. 꾸준히 하는 것만이 답이었다. 이미 영어공부에 지루함을 느끼고 있었기에 꾸준히 하기도 쉽지 않았다. 꾸준한 공부를 위해서는 '즐거움'이 필요했다.

내가 좋아하는 것과 영어 공부를 함께 해보기로 했다. 바로 영화

'슈렉'을 '쉐도잉'하는 것이었다. '쉐도잉'이란 그림자처럼 똑같이 말을 따라 하는 것이다. 그 사람의 발음, 억양, 속도, 표정까지 쫓아가야 한다. 마치 앵무새처럼 말이다. 초급에서 중급으로 영어 실력을 높이는 데 많은 도움이 된 공부법이기도 하다.

여기서 중요한 것은 본격적인 쉐도잉 훈련 전에 먼저 스크립트를 충분히 입으로 읽는 연습을 해야 한다는 것이다. 그렇지 않으면 새로운 영어 문장을 들었을 때 이해가 가지 않는다. 배우의 대사 속도에 따라 말할 수 없기 때문이다. 이 훈련으로 '듣기 실력'과 '말하기 실력'은 크게 향상되었다

《영어 천재가 된 홍대리》에서는 컨설턴트 브라이언 트레이시 Brian Tracy, 1944~의 강연을 쉐도잉하라고 추천한다. 동시 통역사들은 매일 쉐도잉 훈련을 통해서 실력을 유지한다고 한다. 이처럼 쉐도잉은 영어 실력을 녹슬게 하지 않기 위한 중요한 공부 방법이다.

셋째, 함께하면 더 효과적이다.

영화를 쉐도잉하는 것 자체가 즐겁지 않다면 이런 방법도 있다. 영어 스터디 모임에 참석하는 것이다. 함께하면 혼자 공부할 때보다 부지런해진다. 또한 효과적인 방법으로 공부할 수 있다.

'Culture Complex'라는 영어회화 스터디에 참여한 적이 있다. 그 당시 한참 슬럼프를 겪고 있던 터라 사실 영어 공부에 의욕이

없었다. 하지만 다른 사람들의 열정을 가까이서 보고 나니 마음이 바뀌었다. '내게는 지루한 공부가 사람들에게는 즐거운 것이구나' 하는 생각이 들었다.

우리는 각자 주제를 맡아서 영어 자료를 읽었다. 그런 다음, 읽은 내용을 요약해서 팀원들에게 설명해주는 방식으로 진행했다. 누군가에게 가르치면 제대로 배울 수 있다. 배우는 사람보다 가르치는 사람이 더 많이 공부해야 하기 때문이다. 듣는 사람에게 더 쉽게 전달하기 위해 더 꼼꼼하게 공부했다. 이 과정을 통해 나의 부족한 점을 알 수 있었고 충분히 보완할 수 있었다.

영어를 꾸준한 생활 습관으로 만드는 것이 영어를 잘할 수 있는 유일한 방법이다. 악보를 보지 않고 피아노 연주를 하듯, 운동하듯 몸이 기억하게 해야 한다. 가끔 정체기가 온다면 즐겁게 공부하는 방법을 찾아서 극복하면 된다. 사람들과 함께 공부하면 시너지 효과를 기대할 수 있다.

언어를 배우는 것은 높은 산을 오르는 것과도 비슷하다. 꾸준히 올라가야 정상에 이를 수 있다. 처음부터 '정상에 어떻게 오르지?' 라고 생각하면 힘이 빠진다. 눈앞에 보이는 가장 가까운 목적지를 목표로 생각하자. 목적지에 도착하면 자신감을 가지고 꾸준히 오르면 된다.

산에 오를 때는 지겨움과 싸워서 이겨야 한다. 산 곳곳에 피어 있는 예쁜 꽃들과 푸른 나무들을 보면서 숨을 고르자. 더 높이 올라가면 더 아름다운 광경을 감상할 수 있다. 혼자 가기 힘들다면 함께 할 친구를 데리고라도 정상에 올라가면 된다.

모국어를 잘해야
영어도 잘한다

　최근 영어 조기유학 열풍이 더욱 거세지고 있다. 주위에서 한국 말도 못 뗀 아이들을 영어유치원에 보내거나 유학을 보내는 부모 들을 쉽게 볼 수 있다. 물론 어릴 때부터 영어 교육을 받은 아이들 의 발음은 거의 원어민 수준에 가깝다. 어려운 단어도 곧잘 말한다. 그런데 과연 영어만 잘하면 말도 조리 있게 잘할 수 있을까?

　유시민 작가는 그의 책 《유시민의 글쓰기 특강》에서 모국어의 중요성을 강조했다. 그는 독일 유학 시절, 영어로 쓰인 참고문헌을 읽으면서 한국어로 내용을 생각했다. 논문을 쓸 때도 마찬가지였 다. 한국어로 먼저 생각을 정리한 후 독일어로 옮겨 썼다고 한다. 그리고 그는 독일 친구들보다 좋은 평가를 받았다. 이는 바로 그의 사고 능력 덕분이었다. 모국어로 생각하고 표현하는 능력이 뛰어 났기 때문이다.

우리는 한 주제에 관해 얘기할 때 브레인스토밍을 한다. 외국어로 얘기할 때두 마찬가지다. 한국어로 먼저 생각한 다음 그 생각을 논리적으로 조합한다. 여기서 언어는 단지 생각을 전달하는 도구에 불과하다. 즉, 모국어로 생각하는 능력이 부족하면 외국어로 사고하는 능력도 부족하다는 말이다.

어릴 때는 책을 싫어했다. 책 좀 읽으라는 엄마의 잔소리가 오히려 독서를 멀리하게 했다. 고등학생이 되자 교과목 중에서 국어와 한국사가 가장 어려웠다. 교과서는 분명히 한국말로 쓰여 있는데 이해가 가지 않았다. 심지어 모르는 어휘들이 너무 많았다. 사전을 펼쳐가며 공부했다. 문장이 전달하는 의미를 제대로 파악하지 못했다. 마치 외국어 공부를 하는 것만 같았다. 내가 교과서를 읽고 이해하지 못했던 것은 바로 독서량이 부족해서였다.

'오늘의 나를 있게 한 것은 우리 마을 도서관이었다. 하버드 졸업장보다 소중한 것이 독서하는 습관이다.' 빌 게이츠Bill Gates, 1955~가 했던 말이다. 독서를 하면 모든 능력이 좋아진다. 상상력, 창의력, 이해력, 소통 능력이 향상된다. 영어 공부만큼 중요한 것은 독서다.

승무원 면접 준비를 하면서 독서의 필요성을 깨달았다. 에세이 쓰기 전형 때문이었다. 에세이 쓰기에서 좋은 결과를 얻으려면 3가지 기준을 맞추어야 했다. 주제를 제대로 파악하는 능력, 자기 생각을 논리정연하게 정리하는 능력, 영어로 옮겨 쓰는 능력. 즉, 모국어와 영어 둘 다 잘해야 통과할 수 있다는 얘기다. 논리적으로 생각을 정리하는 능력을 갖추기 위해 독서를 꾸준히 해야겠다고 생각했다. 그래서 책을 읽기 시작했다.

승무원 인터뷰 강사로 일할 때였다. K라는 학생이 있었다. K는 학창 시절을 인도에서 보냈다. K는 강사인 나보다 더 영어를 유창하게 했다.

그런데 K는 결국 승무원의 꿈을 이루지 못했다. 영어가 한국어보다 편했던 K는 왜 합격하지 못했을까? 그 이유는 K가 자기 생각을 잘 정리해서 상대방에게 전달하지 못했기 때문이다. 하고 싶은 말은 많은데 무슨 말을 어디서부터 시작해야 할지 몰랐다. 영어를 원어민 수준으로 구사했음에도 불구하고 K는 자신을 충분히 어필하지 못한 것이다.

승무원 영어 인터뷰를 가르치다 보면 영어의 유창함만이 합격할 수 있는 답이라고 생각하는 학생들을 많이 보게 된다. K 역시 자신의 영어 실력만 믿고 있었다.

그런데 오히려 K보다 영어 실력이 좋지 않은 다른 지원자들이 쉽게 합격하는 경우가 많았다. 그 친구들은 K와 다르게 자신이 하고자 하는 말이 무엇인지 분명히 알고 있었다. 생각을 논리적으로 정리하고, 간결하고 쉬운 영어 문장으로 옮긴 것이다. 부족한 영어 실력임에도 불구하고 말을 논리적으로 전달하는 데는 전혀 문제가 없었다.

이와 비슷한 또 다른 사례가 있다. 어학원에서 영어회화 강사로 일할 때였다. P라는 학생이 있었다. P의 영어 실력은 기초 수준이었다. 발음도 정확하지 않았고 간단한 문장 구조로만 말할 수 있는 정도였다.

그런데 어느 날 P가 오픽 시험을 봤는데 두 번째로 높은 등급인 IH를 받은 것이다. 게다가 IH는 영어를 꽤 잘한다는 사람들도 받기 어려운 등급이었다. 실제로 해외에서 몇 년 살다 온 학생도 IH보다 낮은 등급을 받기도 했다. P도 스스로 믿기지 않는 듯했다.

P는 어떻게 높은 등급을 받을 수 있었던 걸까? 그동안 수업시간을 통해 지켜본 P는 다른 학생들과는 조금 다른 부분이 있었다. 대다수 학생은 내가 질문을 하면 대답만 간단히 하고 끝냈지만, P는 자기 생각을 덧붙여서 대답하곤 했다.

예를 들면 이런 식이다. 내가 "What do you usually do in your free time?"이라고 질문하면 보통 학생들은 "I usually go to a park near my place."라고만 대답한다.

하지만 P는 "I do many things during my free time. I will tell you three things. First, I usually go to a park near my place. Second, I watch movies, because it's interesting. Lastly, I go shopping with my friends. So I do various thing." 이렇게 잘 짜여진 형식으로 대답하곤 했다.

P는 한 주제에 대해서 말할 재료를 많이 가지고 있었다. P는 주제별로 키워드를 평소에 정리해놓기 때문이었다. P는 키워드를 가지고 한국말로 하고 싶은 말을 머릿속으로 정리했다고 한다. 그런 후 영어로 말하는 연습을 한 것이다. 말의 흐름이 끊기지 않으려면 이야깃거리가 필요하다.

우리도 누군가가 "좋아하는 카페에 관해서 설명해주세요."라고 물었을 때 그 자리에서 바로 일목요연하고 길게 말하는 것은 어렵다. 이것은 언어 실력의 문제가 아니다. 따라서 평소에 생각을 정리하는 훈련이 되어 있는지가 중요하다.

EBS 〈언어발달의 수수께끼〉에서 반기문 UN 사무총장의 연설 녹음 파일을 한국인과 원어민에게 들려주는 실험을 한 적이 있다. 실험자들에게 목소리의 주인이 누구인지는 밝히지 않았다. 잠시 뒤 놀라운 결과가 나왔다. 연설자에 대한 평가는 극명하게 나뉘었다. 한국인 실험자들은 발음이 촌스럽고 딱딱하게 들린다고 평가했다. 100점 중 40~50점을 줬다.

그렇다면 영어를 모국어로 사용하는 원어민들의 평은 과연 어땠을까? 연설이 논리적이고 내용이 명확하다고 평가했다. 그들은 90점대 후반의 점수를 줬다.

한국인 실험자들은 인터뷰에서 자신의 자녀들은 반기문 총장보다 더 영어 발음이 좋고 유창하게 말하길 바란다고 했다. 물론 영어의 유창성fluency도 중요하다. 그러나 언어는 말을 듣고 전하는 것만이 다가 아니다. 언어는 우리의 생각도 담고 있다. 유창성과 사고력의 적절한 균형이 필요하다.

영어를 잘하려면 모국어로 생각하는 힘을 길러야 한다. 영어는 소통하기 위한 도구이다. 소통을 위해 가장 중요한 것은 직새적소에 맞게 생각을 전할 줄 아는 능력이다. 풍부한 독서로 사고를 확장해야 한다. 말을 할 때는 내가 말하고자 하는 것이 무엇인지 먼저 생각해보는 것을 추천한다. 그리고 뒷받침해줄 내용을 정리하면 된다.

마지막으로, 탄탄하게 잡힌 나의 논리를 간결하고 쉬운 영어 문장으로 옮기면 되는 것이다. 모국어가 탄탄해야 영어도 탄탄하다. 어렵게 생각할 필요 없다. 지금부터 하나씩 실천하면 된다. 내가 해냈듯이 당신도 충분히 할 수 있다.

영어는
실전이다

"어떻게 하면 영어를 잘하나요?"

승무원 지망생 시절, 어학원 영어 선생님께 종종 이런 질문을 했다. 내가 제대로 된 방향으로 공부하고 있는지 걱정이 되었기 때문이다. 선생님마다 추천하는 방법은 달랐지만, 원칙은 같았다. 지속적인 공부와 영어에 대한 노출이라고 했다. 시간과 노력을 투자하여 영어 공부를 하고 끊임없이 영어를 우리 삶에 끌어와야 한다.

나는 두 가지 원칙 중 '영어에 대한 노출'을 만족시키지 못했다. 그래서 어학연수를 다녀오지 못한 내 상황이 불리하다고 여겼다. 내가 영어를 공부했던 환경에서는 어디를 가나 한국어가 들리고 원어민 친구도 없었다. 의도적으로 상황을 바꿔야만 했다. 일상에서 영어를 쓸 수 있는 환경으로 바꾸기 위해 내가 했던 방법을 소개하고자 한다. 3가지로 정리해 보았다.

첫 번째, 닥치는 대로 영어를 받아들여야 한다.

새로운 영어 문장을 보면 그냥 지나치지 않았다. 어느 날 한 카페에 잠시 들른 적이 있다. 카페 벽에는 영어로 광고 문구가 쓰여 있었다.

'We have been dedicated to making the best quality of coffee. You can feel the best flavor when you drink the coffee we offer.'

바로 수첩을 꺼내 문장을 옮겨 적었다. 그리고 문장을 소리 내어 반복해서 읽었다. 보지 않고도 입으로 외울 수 있을 때까지 말이다. 그런 다음 단어만 바꿔서 나만의 예문으로 만들어 보기도 했다. 예를 들어 이런 식이다.

'I have been dedicated to making a good relationship with him.' 'I can feel warm when I drink coffee.'

만든 예문을 다시 여러 번 반복해서 말했다. 때와 장소에 상관없이 좋은 표현이 있으면 닥치는 대로 내 문장으로 만들었다.

영어는 '습관'이다. 영어는 '공부하기'보다는 '익숙해지기'가 맞다. 말이 익숙해지려면 상상을 초월하는 정도의 시간 동안 그 말에 노출되어야 한다. 영어에 노출되는 시간이 '임계치'를 찍어야 한다는 것이다. 입과 귀, 머리를 이용해 끊임없이 영어를 듣고 말해야 한다.

좋은 문장을 보면 절대로 그냥 지나치면 안 된다. 외워야 한다. 혼자 벽 보고 말하기를 해서라도 외워야 한다. 내 것으로 만들어야 한다.

두 번째, 모르는 단어의 뜻을 영어로 최대한 정의해 보자.

비행 중 쉬는 시간이면 동료들과 끊임없이 대화를 나눴다. 그러다 보면 단어를 몰라서 말이 막힐 때가 종종 있었다. 하루는 '그녀는 딱따구리처럼 말이 많아!'를 얘기하고 싶었는데 딱따구리를 영어로 어떻게 얘기하는지 몰라서 망설이고 있었다.

스마트 폰을 이용해서 쉽게 단어를 찾을 수 있었지만, 동료들에게 딱따구리를 설명해보기로 했다. 'A bird pecking a tree'라고 묘사하니 동료들이 곧바로 "You can say woodpecker!"라며 알려주었다.

나는 "woodpecker!?" 하며 동료를 따라서 발음했다. 입으로 말하는 연습을 하기 위해서였다. 그리고 완벽한 문장을 만드는 것도 잊지 않았다. 정말 신기하게도 그 후로도 그 단어는 절대로 까먹지 않았다. 내가 동료들에게 설명했던 상황과 함께 'woodpecker'라는 단어가 강하게 기억에 남았기 때문이다.

어렸을 때 〈가족 오락관〉이라는 TV 프로그램이 있었다. 출연자들이 스피드 게임 하는 장면을 아주 재미있게 봤던 기억이 있다.

출연자가 주어진 단어의 뜻을 풀어서 설명하면 상대방은 그 단어를 맞추는 게임이었다. 우리가 이미 알고 있는 단어시만 그것을 정의하기는 쉽지 않아 보였다. 적절한 어휘와 표현을 사용해야만 설명이 정확해지기 때문이다.

마찬가지로 영어 단어를 모르면 내가 알고 있는 표현으로 단어의 의미를 설명하면 된다. 그렇게 함으로써 말하기 연습과 표현력 향상에 많은 도움을 얻을 수 있다. 그리고 기억에도 오래 남는다. 사전을 검색하면 쉽게 뜻을 알 수 있지만, 머릿속에 그리 오래 남지 않는다는 단점이 있다. 심지어 나중에 그 단어를 다시 사전에서 찾게 되고 결국 시간 낭비를 하는 셈이다.

과거 KBS〈과학카페〉'기억 고수들의 3가지 습관' 편에 출연한 한 학생이 '이미지 정리법'으로 성적을 급격히 올린 사례가 있다. 여기서 이미지 정리법이란 공부할 내용을 이미지화시켜서 정리하는 방법을 말한다. 다음은 그 학생이 인터뷰한 내용이다.

"제가 직접 그림을 그리면서 이미지로 정리하니까 뚜렷하게 기억이 났어요. 시험 볼 때 고민되는 문제도 이미지를 떠올리니 해결되더라고요."

새로운 표현을 배우거나 모르는 단어가 있을 때는 그 단어를 스스로 정의해 보는 것이 좋다. 그 이유는 명확하다. 기억에 오래 남고 더불어 말하기 연습도 할 수 있기 때문이다.

세 번째, 일상을 영어로 묘사해보는 것이다.

매 순간 촉을 세우고 '이건 어떻게 표현하지?'라는 생각으로 임해야 한다. 예를 들어 지금 책상 앞에 앉아 있다면 책상의 모습과 위치를 영어로 묘사해보는 것이다. 그러면 '책상이 어지럽다는 영어로 어떻게 말할까?' 하는 생각이 들게 된다. 일상 속에서 일어나는 모든 사건을 영어로 번역해보는 것이다. 우리가 밥을 먹거나 TV를 볼 때도 영어로 이 상황을 하나하나 어떻게 묘사할지 고민해봐야 한다.

영어를 잘하는 사람들을 보면 '매일, 꾸준히, 많이'라는 말을 자주 한다. 여기서 '많이'라는 것은 영어 공부하는 시간을 제외한 나머지 시간에도 영어에 대한 끈을 놓지 말아야 한다는 것이다.

하루는 집에서 나왔는데 지갑을 두고 나온 적이 있다. 집에 다시 들르게 되면 약속 시간에 늦을 터였다. '어휴, 맨날 지갑을 안 챙기고 나온다니까. 왜 이렇게 건망증이 심한 거야?' 하고 생각했다. 그런데 이 상황에서도 건망증을 영어로 어떻게 표현할 수 있을지가 궁금했다. 집으로 돌아가는 길에 나는 아는 단어들을 머릿속에 떠올리고 조합해서 문장을 완성하고 있었다. 'Why am I so absented-minded?' 이 문장을 입으로 말하는 연습까지 완벽히 마치고 난 후에야 안심이 되었다.

1분이라도 빨리 서둘러야 하는 상황에서도 영어 표현을 떠올리는 것이 더 중요했다. 나를 영어에 미치게 한 것은 무엇이었을까? 바로 절실함이었다. 이렇게라도 해야만 살아남을 수 있다고 생각했기 때문이다. 영어를 사용하는 환경이 아니기에 내가 상황을 만들어야만 했다.

나폴레옹은 이렇게 말했다. '상황이라니, 상황이 무엇인가? 내가 상황을 만든다' 주위 환경을 바꿀 수 없으면 나를 바꾸면 되는 것이다. 모든 상황은 내 절실함이 만들어준다고 믿었다.

영어는 실전이다. '나는 한국에서 영어를 공부해서 이 실력밖에 안 돼'라는 생각을 하고 있다면 이미 싸움에서 지는 것이다. '비록 한국에서 공부하지만, 끝까지 노력해서 이겨낼 거야'라는 마음가짐으로 도전해야 한다. 제대로 된 도전을 하려면 꾸준하게 영어에 투자하는 절대 시간을 늘려야 한다.

닥치는 대로 읽고, 듣고, 받아들이면 된다. 그저 이해만 하는 것이 아니라, 말하고 표현할 줄 알아야 한다. 끝없이 영어를 궁금해하고 답하다 보면, 어느새 영어가 익숙해질 것이다. 영어를 잘할 수 있는 환경은 바다 건너 멀리 있는 곳이 아니다.

간절함은 그 어떤 불리한 상황 속에서도 당신을 강한 의지로 이겨낼 수 있게 해준다.

한국인이 한 명도 없는
카타르에서 살아남기

"I am Jung Ah from South Korea. Nice to see you all!"

카타르 항공 입사 교육 첫날, 설레는 마음으로 자기소개를 했다. 그리고 곧 놀라운 사실을 알게 되었다. 한국인 동기가 없다는 점이었다. 보통 같은 국적의 동료가 한 기수에 두세 명씩은 있기 마련인데, 어찌 된 일인지 내가 속한 기수 16명 중에는 내가 유일한 한국인이었다. 동기들의 국적은 각양각색이었다. 루마니아, 알제리, 가나, 그리스, 프랑스, 아르헨티나, 코스타리카, 중국, 이집트, 인도, 모로코, 필리핀, 한국. 우리 기수가 12개의 국적으로 이루어져 마치 작은 지구와 같다고 생각했다.

동기들과의 첫 만남에 설렘도 잠시, 과연 이곳에서 혼자 무사히 살아남을 수 있을지 걱정이 되었다. 이는 입사 전 우연히 듣게 된 소문 때문이었다. 소문에 따르면, 몇 명의 한국인들이 영어 실력이 형편없어서 권고사직을 당했다고 했다. 더군다나 회사에는 이미 한국인들이 영어를 못한다고 소문이 났다는 것이다.

그 소식을 듣고는 꿈을 이루자마자 다시 한국으로 돌아가야 할지도 모른다는 생각에 너무 끔찍했다. 한국인 동기가 있으면 함께 도우면 될 것이란 생각에 큰 걱정을 하지 않았다.

하지만 예상했던 것과 현실은 달랐다. 세계 각국 사람들과 한 팀이 되어 그 속에서 살아남아아 하는 상황이었다. 그리고 한국인이 다 영어를 못하는 것은 아니라는 사실을 증명하고 싶었다. 설령, 내 영어가 완벽하지 않더라도 절대로 한국으로 돌아가는 일은 없어야겠다고 다짐했다.

입사 훈련은 영어로만 진행되었다. 그런데 나는 첫 시간부터 당황했다. 수업의 50% 정도만 알아들을 수 있었기 때문이다. 이집트 출신의 한 강사가 훈련을 맡았는데 말을 너무 빨리하고, 아랍어 특유의 억양이 섞인 영어를 구사하는 것이었다. 더 당황하게 한 것은 동기들의 영어 실력이 상당했던 점이다. 그들은 다 고개를 끄덕이며 강사의 말을 이해하고 있었던 것이었다.

대부분 유학을 다녀왔거나 어릴 때부터 영어를 철저히 가르친 곳에서 자랐기 때문이었다. 나 혼자만 알아듣지 못하는 것은 아닌지 좌절감이 들었다. 하지만 좌절감도 잠시, 카타르까지 와서 영어가 안 들려서 내 꿈을 포기할 수는 없었다. 영어가 완벽하지 않아도 뻔뻔해지기로 했다. 그리고 당당하게 손을 들어 질문했다.

"I am sorry. I didn't get what you said. Could you please speak a bit slowly?"

천천히 얘기해 달라고 강사에게 정중하게 부탁했다. 그녀는 친절히 대답했고, 그 후로는 말하는 속도를 조금 늦춰서 수업을 진행했다. 다른 강사들의 수업도 마찬가지였다. 다행히 나는 점점 교육에 적응할 수 있었다.

영어로 안전 교육, 서비스 교육을 받는 것은 엄청난 집중력이 필요했다. 처음에는 외계어를 듣는 기분이었다. 전문용어도 익혀야 하고 난생처음 듣는 영어 발음에 익숙해져야 했다. 동기들보다 내 영어가 너무 부족한 것 같아 창피했다.

그렇지만 모르는데 아는 척하기는 더욱 싫었다. 아는 척을 한다고 해서 진짜로 아는 것은 아니었기 때문이다. 내 모국어는 영어가 아니므로 완벽하게 영어를 구사하지 못하는 것은 당연하다. 이 사실을 인정하기로 했다. 그러자 더는 창피한 마음이 들지 않았다.

교육 기간 두 달 동안은 하루하루가 시험의 연속이었다. 새로 접하는 영어 단어도 많은데 안전, 서비스에 관련된 공부까지 해야 하니 머리가 터질 지경이었다. 교육 중간에 쉬는 시간마다 동료들에게 이해되지 않았던 점을 질문했다. 혼자서 머리를 싸매고 있어봤자 시간 낭비였다. 교육 후에는 동기들과 함께 모여서 공부를 했다.

배운 내용을 정리하고 서로 질문을 했다. 그러다 보니 입사 교육 관련된 것뿐만 이니리 책에서는 보지 못했던 일상 회화도 배울 수 있었다.

하루는 프랑스 출신 동료가 "Are you clear?"라고 내게 물었다. 아는 단어로 이루어진 문장인데도 순간적으로 이해가 가지 않아, 어리둥절한 채 있었다. 그녀는 "Do you understand?"라고 되물었고, 나는 그세야 정확히 이해했다. 'clear'라는 단어 뜻은 알고 있었지만, 이런 상황에서 쓰는 줄은 모르고 있던 것이다.

영어는 독학으로도 잘할 수 있다. 하지만 이는 책으로 연애를 배우는 것과 똑같다고 생각한다. 이론적으로는 문제가 없지만, 모든 상황에 어울리게 말하는 능력은 책만으로는 얻을 수 없기 때문이다. 동기 중 한 명이 무언가 설명할 때 자주 하던 말이 있다. 'Let's say'였다. '예를 들어 말하자면'이라는 뜻이다. 내가 "Let's say"라는 표현을 책을 통해서 배웠다면 정확히 어떤 상황에서 사용하는지 완벽하게 받아들이기 힘들었을 것이다. 즉, 언어라는 것은 적절한 상황에서 배울 때 완전히 흡수할 수 있다는 얘기다.

시간이 흘러, 나는 동료들과 이야기할 때 중간에 자꾸 대화가 끊기는 경험을 했다. 이것은 영어 표현을 몰라서가 아니라, 얘깃거리가 없었기 때문이다. 문화도 다르고 심지어 그들이 좋아하는 할리우드 배우 얘기를 해도 대화를 이어가지 못했다. 우린 같은 회사에 다니는 것 말고는 공통분모가 없었던 것이다. 동기들은 나만 빼고 얘기하는 경우가 많았다. 이대로라면 비행을 시작해도 팀에서 소외될 것만 같았다. 그래서 그들이 자주 나누는 대화의 주제에 대해 공부하기로 했다.

우리나라 사람들이 혈액형으로 성격을 구분하는 것처럼 외국 사람들은 별자리로 구분한다. 동료들은 내게 "What's your star sign?"이라며 묻곤 했다. 처음에는 '물고기자리'를 영어로 어떻게 말하는지조차 모를 정도로 관심이 없던 주제였기에 전혀 대화가 이어지지 않았다.

그 후로 모든 별자리를 영어로 외우기 시작했다. 심지어 별자리마다 어떤 특징이 있는지도 함께 기억했다. 나는 미국 드라마에 큰 관심이 없었다. 하지만 동료들과의 대화를 위해 당시 인기가 많았던 미국 드라마를 보기 시작했다. 등장하는 인물들의 이름도 외웠다. 가벼운 주제를 시작으로 하나씩 공부를 하니 어느새 동료들과 쉬는 날에도 함께 어울리며 시간을 보내게 되었다.

나는 사교적이고 붙임성이 좋은 성격이다. 늘 처음 보는 사람들과 거리낌 없이 어울린다. 그래서 카타르 항공에 입사해서도 동기들과 쉽게 친해질 수 있을 것 같았다. 하지만 언어와 문화 차이 앞에서는 제 모습을 드러내지 못했다. 나는 버텨야 했다. 아니 살아남아야 했다. 꿈을 이루기 위해 도전했던 지난 순간들을 떠올렸다. 그러자 도전의 연속이었던 지난 시간이 나의 강인함을 드러나게 해 주었다. 비록 영어 실력이 조금 부족해도 당당할 수 있었나.

한국인이 한 명도 없었던 카타르에서 무사히 정착할 수 있었던 나의 영어 필살기는 3가지로 정리할 수 있다. 뻔뻔해지기, 독학하지 않기, 그리고 배경지식 갖추기였다. 우리의 모국어는 영어가 아니다. 영어로 말을 하고 싶은데 도저히 입 밖으로 나오지 않을 때가 있다. 겨우 용기 내어 발했는데 상대방이 내 말을 못 알아들을 수도 있다. 그런 상황이 와도 자신감을 잃어서는 안 된다. 당연히 그럴 수 있다 생각하고 뻔뻔해져야 한다.

주변 사람들과 함께 공부하면 어떤 위기가 닥쳐와도 즐거운 마음으로 극복할 수 있다. 혼자서 모든 것을 감당하지 않아도 된다. 그들은 내게 훌륭한 영어 선생님이라고 생각하면 된다. 외국 문화에 관심을 가지면 자연스럽게 다양한 인종의 사람들과 가까워질 수 있다. 나는 충분히 해낼 수 있다는 믿음을 가져보자. 그런 뒤에, 내게 다가올 상황들에 마음을 열고 다가서면 어떨까.

첫 비행
'pardon'만 백만 번

"Pardon?"

"Pardon me?"

"May I beg your pardon?"

영어 회화를 연습하는 소리가 아니다. 내가 첫 비행에서 가장 많이 한 말이다. 나는 런던으로 향하는 비행을 완전히 망쳤다. 식사 서비스가 시작되자마자 나는 그대로 굳어버렸다. 손님이 내게 뭐라고 말하는지 도통 알아들을 수 없었다. 한 승객에게 "Pardon?"만 다섯 번을 얘기했다. 그가 대답한 것은 'water'였다. 하지만 내가 알고 있는 '워러'가 아니었다. 그는 '우오터'라고 발음한 것이다. 다섯 번을 되물은 후에야 알아들었다.

너무 민망했다. 손님도 얼마나 당황했는지 고개를 절레절레 흔들고 말았다. 그뿐만이 아니었다. 이번엔 다른 손님이 "Are they queuing up for lavatory?"라고 질문했다. 이번에는 정확히 알아들었다. 그러나 이번엔 무슨 말인지 정확히 이해가 되지 않았다. 결국엔 동료의 도움으로 상황을 마무리했다.

영국에서는 '줄을 서서 기다린다'를 말할 때 'queue'라는 단어를 사용한다. 이 사실을 전혀 모르고 있었다. 읽어서 모르면 들어도 모르는 것이다. 즉, 단어에 대한 '이해 부족'의 문제였다.

힘들기로 소문난 입사 훈련도 무사히 마친 내가 왜 런던 비행에서는 한 마디도 못 알아들었을까? 미국식 영어를 배웠기 때문이다. 우리나라에서는 미국식 영어가 '정통'이라 여겼다. 그래서 미국식 영어를 가르쳤다. 영어 교과서에도 발음기호는 전부 미국식으로 표기되어 있었다.

토익 듣기 시험을 볼 때, 영국식 발음을 처음 접했다. 알아들을 수 있는 단어가 몇 개 되지 않았다. 자연스레 영국식 영어가 우리가 배운 '정통 영어'와 다르다는 선입견을 품게 되었다.

미국과 영국식 영어는 표현, 발음, 억양 등에서 차이가 있다. 한 승무원 지망생이 외국 항공사에 합격하려면 미국식 영어가 좋은지 영국식 영어가 유리한지 물어본 적이 있다. 굳이 비유하자면, 짬뽕을 먹을지 짜장을 먹을지 고민하는 것과 같다고 대답했다. 미국 사람과 영국 사람이 영어로 대화하는데도 아무런 문제가 없기 때문이다. 미국과 영국은 같은 영어를 사용한다. 스타일만 다를 뿐이다.

즉, 개인의 선택인 것이다. 물론 어느 쪽을 선택하느냐에 따라 장단점은 따른다.

카타르 항공은 영국식 영어를 사용한다. 바지를 'pants'라 하지 않고 'trouser'라고 표현한다. 나는 'trouser'를 입사한 후에 알게 되었다. 그리고 한동안 회사에서 사용하는 어휘를 일일이 공부해야만 했다. 이런 점에서 볼 때, 영국식 영어를 사용하는 지원자라면 다시 공부해야 하는 번거로움이 없다는 장점이 있다.

비행갈 때마다 런던 비행의 악몽이 떠오르곤 했다. 행여 영국인 기장이나 동료가 말을 걸어오면 대충 얼버무리고 그 자리를 피했다. 이대로라면 일을 계속 즐길 수 없을 것 같았다. 점점 괴로웠다. 불안한 마음을 억지로 누르려 할수록 머릿속의 불안한 생각들은 더욱 거세게 일어나기만 했다. 또다시 위기가 온 것이다. 하지만 나는 불안한 마음을 정면으로 바라보기로 했다. 영국식 영어에 익숙해지기로 한 것이다.

한 연구에 따르면, 개인마다 차이가 있지만, 눈으로 알고 있는 단어를 알아들으려면 500시간을 듣기 훈련에 투자해야 한다고 한다. 단, 영어 공부 관련 자료가 아닌 Authentic material원어민들이 실제로 말하는 것을 들어야 한다. 뉴스나 영화를 활용해 더 집중적으로 발음 교정을 하고 더 많은 문장을 암기해야 한다는 것이다.

나는 듣기 훈련에 집중했다. 승무원 준비생 시절에 노력했던 것보다 몇 배나 더 많이 노력했다. 만약 20분 동안 어휘나 문법에 집중했다면, 1시간은 듣기에만 오로지 진념했다. 주로 대본이 세공되는 영어 뉴스나 TED 강연을 들었다. 처음에는 1분의 영상을 반복해서 듣다가 점차 분량을 늘려나갔다. 반복해서 들은 다음에는 대본을 확인했다. 그리고 모르는 단어는 단어장에 적은 뒤 문법을 완벽하게 공부했다.

《영어회화 100일의 기적》의 저자는 이렇게 말한다. '영어를 들으면서 바로 이해하려면 문장을 이해하는 속도가 말하는 속도보다 빨라야 한다.' 즉, 문장 구조를 완벽히 알아야 한다는 말이다. 동시통역사들이 듣기 실력을 위해 읽기 능력을 강조하는 것도 이런 이유 때문이다.

나는 비행에서 만난 동료들이 하는 말을 '쉐도잉'하기 시작했다. 상황에 따라 적절한 감정을 실어서 말하는 법을 배우고 싶었기 때문이다. 매일 뉴스와 강연만 듣고 따라 하다 보니 어느새 딱딱한 느낌의 영어를 구사하고 있었다. 상대방의 말을 토씨 하나 빠지지 않고 그대로 따라 했다.

물론 그가 들리지 않게 말이다. 상당히 집중해서 동료들의 말을 들었다. 말하는 장면 하나하나가 전부 머릿속에 그림으로 저장되는 듯한 느낌이었다. 나중에는 입으로 말을 뱉지 않아도 마음속으로 쉐도잉을 하는 지경까지 이르렀다.

듣기 훈련과 쉐도잉을 미친 듯이 하면 어떤 일이 일어날까? 완벽하게 발음이 교정된다. 적지 않은 수의 한국인 승무원들은 발음 교정에 어려움을 느끼고 있었다. 'Zone', 'Zero', 'Orange'와 같은 단어가 대표적인 예다. 가끔 한국인의 영어를 무시하는 듯한 질문을 하는 동료들이 종종 있었다. 하루는 어떤 영국 출신 동료가 다짜고짜 내게 이런 질문을 했다.

"Hey, can you pronounce 'Zone', 'Zero' and 'Orange juice'?"

잘 걸렸다 싶었다. 그리고 보란 듯이 하나하나 발음했다. 그러자 그 동료가 내게 "Your English is very good. You don't have any Korean accent."라며 해외에서 영어 공부했냐고 물었다. 나는 당당하게 대답했다. "No, I've studied English in Korea." 국내파도 할 수 있다는 것을 증명한 순간이었다.

유학 경험도 없이 한국에서 영어를 잘하기가 얼마나 어려운지 잘 안다. 영어를 잘하려면 꾸준한 노력이 정말 중요하다. 꾸준함을 유지하기 위해서는 간절함과 재미가 있어야 한다. 그래서 내가 할 수 있는 모든 방법은 다 실천했다. 단 한 번도 영어 공부를 멈춘 적이 없었다. 재미를 위해 나와 함께 일하는 동료를 영어 훈련 코치로 생각했다.

일하는 순간에도 배울 수 있다는 것은 정말 복이었다. 영어에 대한 간절함이 이런 상황을 이끌어온 것이었다. 그 덕분에 끝없는 배움의 길 위에서 지칠 때쯤 새로운 즐거움을 찾을 수 있었다.

첫 비행에서 나는 'Pardon'만 백만 번 외쳤다. 입사 훈련 당시 동료들과 함께 시간을 보내며 영어 듣기 훈련을 충분히 했다고 생각했다. 그러나 영국식 영어 발음에 매우 취약했던 나는 런던 비행에서 제대로 쓴맛을 봤다. 손님들의 말을 알아듣지 못해 손님도 나도 서로 민망한 상황이 연출되었다. 위기의 상황을 기회로 역전시켜야만 했다. 온몸의 신경을 집중시켜 듣기 훈련과 말하기 훈련에 매진했다.

언어 공부는 산 넘어 산이라는 말이 있다. 하나의 고비를 넘기면 또 다른 고비가 온다. 그 고비를 넘는 것이 두려워 피하고 싶은 마음이 들 수도 있다. 그럴 땐 오히려 그 상황에 맞닥뜨리자. 해결책을 찾고 실행하면 된다. 지금까지 무수한 산들을 잘 넘어온 것처럼 말이다. 어느새 또 하나의 산을 넘은 자신을 보게 될 것이다. 위기도 어떻게 대처하느냐에 따라 기회가 된다.

승무원 지망생들의
멘토가 되다

"선생님 강의 들으려고 했는데, 이미 정원이 꽉 찼대요. 다음 달에는 꼭 듣고 싶어요!"

승무원 양성 아카데미에서 영어 인터뷰를 가르칠 때 있었던 일이다. 내 수업은 학생들 사이에서 인기 강좌였다. 학생들에게 나는 꿈과 희망의 존재였다. 한때 영어를 정말 못했던 과거가 있었다는 사실만으로도 그들에게는 큰 위로가 되었다.

나는 영어 공부를 위해 노력하는 과정을 중요하게 생각했다. 그리고 아무리 바빠도 영어를 우선순위에 두었다. 이런 간절한 마음가짐으로 공부했다. 그 결과 영알못에서 벗어나 외국 항공사 승무원, 영어 강사까지 할 수 있었다. 어느 분야나 마찬가지겠지만, 가장 중요한 것은 마음가짐이다. 3가지 중요한 마음가짐에 대해서 말해보겠다.

첫 번째, 영어를 완벽하게 하겠다는 생각을 버려라.

수강생 B가 있었다. B는 수업시간에 늘 초조해보였다. 간단한 질문에도 한참을 생각한 후에야 겨우 대답했다. 그리고 다른 학생들과는 달리 수업 참여도가 좋지 않았다. 하루는 B를 따로 불러서 무슨 문제라도 있는지 물었다.

B의 고민은 이랬다. 자신이 영어를 말하다가 실수할까 봐 두렵다는 것이다. 실수하면 사람들이 비웃을 것이라 생각하고 있었다. 그렇기 때문에 B는 영어로 말하기 전에 대답할 문장을 완벽하게 생각한 후 겨우 대답했던 것이다.

수강생 중에는 B처럼 완벽하게 영어를 말하려는 학생들이 있는 반면 뻔뻔하고 대범한 학생들도 있었다. 완벽을 추구하는 학생들은 뻔뻔한 학생들보다 영어 공부를 더 열심히 했다. 하지만 놀랍게도 영어 실력은 그 반대였다. 완벽주의자 학생들이 더 노력하는데도 불구하고 실력은 대범한 학생들보다 더 좋지 않은 것이었다.

왜 그런 걸까? 영어를 완벽하게 해야 한다는 생각은 오히려 스트레스를 준다. 뿐만 아니라 본인 실력이 자신이 정해놓은 기준에 못 미치는 경우, 자신감을 쉽게 잃기도 한다. 다른 사람들이 자신을 평가할 것이라는 생각에 두려움을 느끼고 결국 포기하게 되는 경우도 있다. 완벽하려고 하면 오히려 긴장되고 실력 발휘를 제대로 못하게 된다.

우리는 원어민이 아니다. 영어로 말할 때 틀리는 것은 당연하다. 틀린다고 해서 그 누구도 비웃지 않는다. 실패도 없이 목표를 이루려는 것은 욕심이다. 당당한 마음을 가지고 영어를 해야 한다. 처음에는 도망가고 싶을 정도로 힘들지도 모른다. 하지만 자꾸 하다 보면 익숙해진다. 한번 데일 때는 아프지만 두 번, 세 번 데이면 데일수록 고통은 덜 느껴지는 것이다.

두 번째, 결과만 보지 말고 구체적인 계획을 세우고 당장 실천하자.

하루는 수강생 P가 내게 진지한 얼굴로 질문했다.

"선생님, 저는 제가 영어를 잘하는 모습을 자주 상상해요. 상상의 힘을 믿어야 한다고 해서요. 그런데 왜 달라지는 게 없을까요?"

고개를 갸우뚱거리다 이번엔 내가 질문했다.

"꿈을 상상하기만 하면 거짓말처럼 목표가 이루어지게 될까요?"

P는 쉽게 대답하지 못했다. 자신이 가는 길은 모르면서 자나 깨나 목적지만 바라보고 있었기 때문이다.

많은 자기계발 전문가들이 자신의 긍정적인 모습을 상상하라고 강요한다. 꿈을 이루는 데 있어서 긍정적인 마음은 매우 중요하다. 하지만 이 마음만 갖고서는 아무것도 이룰 수 없다고 생각한다. 목표를 이루기 위한 구체적인 계획을 세우고 실천해야 한다. 목표를 이루기까지의 과정을 어떻게 보내느냐에 따라 결과가 달라진다.

즉, 영어를 잘 하고 싶다면 영어 공부에 대한 구체적인 계획을 머릿속에 미리 구상해 놓아야 한다. 언제 무엇을 하고, 어디서 어떻게 공부할지 자세하게 그림을 그려야 한다. 그런 다음 실천으로 옮기면 된다.

축구선수 박지성은 노력파로 유명하다. 예전에 한 TV 프로그램에서 그의 어릴 적 일기장을 공개한 적이 있다. 그는 일기장에 매일 축구선수가 되겠다는 목표와 함께 구체적인 연습 계획을 빼곡하게 써 놓았다. 공의 위치나 다른 선수들의 위치에 따라 자신이 어떻게 접근하고 공을 찰 것인지 세세하게 기록했다.

그는 모든 경기 과정을 선명하게 이미지로 그렸다. 그러다 보니 세계적인 축구선수가 되겠다는 장면도 쉽게 그려질 수밖에 없었던 것이다. 이처럼 과정을 구체적으로 바라보고 노력하면 목표를 달성할 수 있다.

세 번째, 시간이 없어서 영어 공부 못 한다는 핑계를 빨리 버려라.

"선생님. 요즘 너무 바빠서 영어 공부할 시간이 없어요."

수강생들이 내게 시간이 부족하다며 하소연했다. 늘 시간이 없다고 말하는 학생들에게 소개해주는 한 가지 사례가 있다.

한 어학원에서 성인 영어회화를 가르칠 때 일이다. 수강생 중에는 40대 후반의 워킹맘이 있었다. 아이가 셋이었고 시부모님을 모시고 살았다. 사업을 크게 하시는 분인지라 시간을 내어 학원에 오는 것도 힘들었을 것이다. 그런데도 그분은 아침 9시에 시작되는 수업에 단 한 번도 늦은 적이 없었다. 매일 숙제를 해오는 것도 잊지 않았다.

나는 그녀의 일과를 물었다. 스케줄은 거의 철인 수준이었다. 새벽 5시에 일어나서 아침 식사를 준비하고 학원으로 오셨다. 학원 수업이 끝나면 회사로 출근했고, 5시에 퇴근해서 아이들을 데리고 귀가했다. 시부모님과 남편, 아이들의 저녁 식사를 차리고 집안일을 했다. 그러면 11시쯤 된다고 했다.

밤 11시부터는 영어 공부를 시작하고 거의 새벽 1시가 다 돼서야 잠자리에 들었다. 그녀는 영어 배우는 것이 너무 즐겁다고 했다. 바쁜 것은 아무런 문제가 되지 않는다고 했다. 그리고 영어 공부를 시작한 지 1년 만에 영어 말하기 시험에서 가장 높은 등급을 받을 수 있었다.

누군가는 내게 '꼭 그렇게까지 시간을 내면서 해야 하나?'라며 이의를 제기할 수 있다. 하지만 내 대답은 '그렇다'이다. 미치지 않으면 꿈을 이룰 수 없다. 이루고자 하는 목표가 있으면 그 목표에 온 촉을 세워야 한다. 시간이 없으면 시간을 만들어서라도 목표를 이루려고 노력해야 한다. 처음에는 시간을 쪼개서 노력에 투자하는 것이 부담스러웠다. 이미 할 일이 많은데 해야 할 것이 더 늘어

나니 여간 힘든 게 아니었다.

하지만 습관으로 만들고 나니 기계처럼 몸이 움직이고 있었다. 바쁘다는 말은 핑계라고 생각한다. 이것은 의지의 문제다. 아무리 바빠도 10분 정도는 시간을 낼 수 있다. 영어 공부는 매일 꾸준히 해야 한다. 시간을 쪼개서라도 말이다. 영어 공부를 우선순위에 둔 다음 습관으로 만들면 된다.

한국으로 돌아와 승무원 지망생들의 멘토가 되었나. 많은 지망생이 영어를 실수 없이 완벽하게 구사하려는 것을 봤다. 그리고 면접에서 한 번에 붙어야 한다는 착각을 하고 있었다. 어느 분야에서나 시행착오 없이 한 번에 성공한 사람은 없다. 시행착오를 통해 배우고 성장한다.

영어 공부도 면접도 마찬가지다. 계속 도전하고 부딪혀 봐야 한다. 도전 횟수가 많아지는 만큼 내공이 쌓이는 것이다. 나는 1000일이라는 시간 동안 도전과 실패를 경험했다. 포기하고 싶은 순간도 많았다. 하지만 할 수 있다는 믿음을 잃지 않고 꾸준함을 유지했다. 노력해도 안 된다는 생각은 치워버리자. 실패는 더 현명하게 도전할 기회라고 생각하면 된다. 영알못도 카타르 항공 승무원이 되었다. 당신도 충분히 해낼 수 있다.

쉬지 않아야
영어 요요 현상이 없다

"여보, 나만 믿고 따라다니면 돼!"

2017년 가을, 남편과 함께 일본으로 여행을 떠났다. 남편은 일본어를 할 줄 몰랐다. 반면 나는 일본어 공부를 오랫동안 했었기에 통역 가이드가 되어주겠다며 자신감을 보였다. 여행 계획은 아주 완벽했다. 모든 것이 순조로웠다. 도쿄 하네다 공항에 도착하기 전까지는 말이다.

우리는 공항에 도착한 후 버스 정류장을 찾지 못해 헤매고 있었다. 길을 물어보기 위해 안내 데스크로 향했다.

"스미마셍. 아노 바스 노리바와 도꼬데스까?"

일본어 실력을 뽐낼 기회라 생각하고 자신 있게 말을 건넸다. 하지만 직원이 대답하는 말을 거의 알아듣지 못했다. 단어 몇 개만 겨우 들렸을 뿐이었다.

내 머릿속에 무슨 일이 일어났던 걸까? 나는 중학교 때부터 일본어 공부를 꾸준히 했다. 그러나 승무원 준비를 시작하면서 영어의 필요성을 깨닫고 영어에만 매달렸다. 그러다 보니 자연스럽게 일본어는 잊혀졌다. 아무리 그래도 10년이나 공부했는데 알아듣지 못할 정도라니 너무하다고 생각했다.

예전에 한 TV 프로그램에서 방송인 샘 해밍턴이 아이들에게 영어 단어를 가르쳐주는 장면을 본 적이 있다.

"끓는 물은 영어로 뭐에요?"

한 아이가 샘 해밍턴에게 물었다.

"Boiling water라고 해."

이번엔 다른 아이가 질문했다.

"대파는 영어로 뭐에요?"

샘 해밍턴은 곰곰이 생각하더니 이렇게 대답했다.

"Big onion!"

그는 'Spring onion'이 생각나지 않아 'Big onion'이라고 말한 것이다. 한국에서 20년을 살다 보니 모국어가 영어임에도 불구하고 순간적으로 단어가 떠오르지 않은 것이다. 언어는 그렇다. 계속 사용하지 않으면 점점 잊어버린다. 아무리 한국어가 모국어인 우리도 아주 오랫동안 한국어를 쓰지 않으면 상당 부분을 잊게 된다. 모국어이기 때문에 조금 덜 할 뿐이지 실력이 예전보다 많이 내려가는 것은 사실이다. 마찬가지로 영어도 꾸준히 공부하지 않으면 실력이 다시 예전으로 돌아간다.

얼마 전 유튜브에서 한 영어 강사가 인터뷰하는 방송을 봤다. 그는 자신이 중학생 때부터 영어를 가르치는 사람이 되겠다고 다짐했다고 한다. 영어 공부에 대한 목적이 뚜렷했던 그는 독하게 공부했다. 잠을 줄여가면서 단어를 외우고 책이 너덜너덜해질 때까지 공부했다. 현재 그는 꿈을 이뤄 강사로서 활발히 활동 중이다.

영어도 기술이다. 기술은 늘 갈고 닦아야 한다. 오랫동안 꾸준히 갈고 닦으려면 영어 공부를 하는 이유가 명확해야 한다. 하지만 본인이 영어 공부를 왜 하는지도 잘 모르는 사람들이 있다. '영어 공부는 해두면 좋을 것 같아서' '언젠가는 쓸모 있을 것 같아서'와 같은 대답으로 대충 얼버무리기도 한다.

즉, '너도 하니까 나도 할래'식의 영어 공부는 절대로 성공할 수 없다. 강력한 동기가 있어야 제대로 된 계획을 세우고 꾸준히 실천할 수 있다. 내게는 '즐거움'이라는 내적 동기와 '영어 지식 공유'라는 외적 동기가 있다. 이 동기는 어떤 상황에서도 내가 영어에 대한 열정을 잃지 않게 해준다.

"축하합니다. 임신 5주차예요!"

2017년 5월. 아이가 찾아왔다. 너무 감격스럽고 행복했다. 하지만 지독한 입덧에 시달렸다. 영어 강사로 일하고 있었는데 강의를 도저히 소화할 수 없을 정도였다. 안색이 좋지 않으니 학생들도 걱정했다. 오히려 내가 부담을 주는 것 같았다.

어쩔 수 없이 영어 강사 일을 그만두었다. 임신 초기에 안정을 취해야 하니 혼자 집에 있는 시간이 많았다. 그러다 보니 영어 공부할 기회를 거의 얻지 못했다. 입덧이 점점 사라지자 다시 공부하기로 마음먹었다. 무거운 몸을 이끌고 버스를 1시간 정도 타고 강남역까지 갔다. 원어민 영어 수업을 듣기 위해서였다. 그리고 출산한 달 전까지 스터디 모임 참여 등 영어 공부를 계속했다.

아이가 태어났다. 너무 사랑스러웠다. 그러나 아이는 하루에 수십 번도 더 울었다. 밤에는 한두 시간마다 아이에게 젖병을 물려야만 했다. 잠을 자지 못해 괴로웠다. 정신없이 하루하루가 흘러갔다. 그러자 마음이 공허해졌다. 내가 사라지는 것 같았다. 산후 우울증이었다. 내가 진짜로 좋아하는 것을 해야겠다고 생각했다.

나를 즐겁게 해줄 수 있는 것은 바로 '영어 공부'였다. 100일밖에 되지 않은 아이를 데리고 영어 공부를 한다는 것은 현실적으로 불가능했다.

그러나 포기하지 않았다. 방법을 찾으려 노력했다. 그러던 어느 날 지인이 전화 영어를 추천해주었다. 전화로 매일 25분 동안 외국인 선생님과 영어로 대화하는 방식이었다. 아이를 안고 25분 동안 서서 영어 공부를 해야만 했다. 몸은 힘들었지만, 그 시간 만큼은 내가 살아 있는 느낌이었다.

아이가 낮잠을 잘 때는 전화 영어 숙제를 하거나 복습 위주로 공부했다. 아이가 잠든 후에는 공인 어학 시험 OPIC 자격증을 공부했다. 그리고 몇 달 후 OPIC 등급 중 가장 높은 AL 등급을 받았다.

"너 영어에 미쳤어? 좀 쉬어. 그러다 병나."

하루는 같은 개월 수의 아이를 키우는 친구가 내게 말했다. 영어 공부를 잠시도 쉬지 않고 하는 모습이 친구에게 이상하게 비친 모양이다.

나는 영어가 내게 주는 '즐거움'을 제대로 깨달았다. 영어를 할 줄 알면 즐거운 일이 너무나도 많다. 세상의 다양한 사람들과 대화를 나눌 수 있다. 그들과 소통하며 가치관이 성숙해지고 세상을 보는 눈도 넓어진다.

다양한 문화를 가진 친구들과 사귈 수 있는 기회를 놓치기 아깝지 않은가? 또한 영어 잘하는 인재를 필요로 하는 기업들이 손을 내밀 때 선택할 수 있는 자유를 누릴 수 있다. 영어 강사가 되어 사람들에게 도움을 준다는 것도 매우 매력적이다.

지금도 매일 영어 공부를 한다. 영어 공부를 쉬지 않아야 요요 현상이 없기 때문이다. 영어 실력을 올리는 것만큼이나 실력을 유지하는 것도 중요하다. 꾸준히 시간과 노력을 들여야 영어 실력이 내려가지 않는다.

그러기 위해서는 영어 공부에 대한 목적이 뚜렷해야 한다. 즉, 본인이 영어 공부를 해서 무엇을 얻고자 하는지 알아야 한다는 것이다. 목적 없이 무언가를 열심히 배우거나 공부하는 사람은 없다.

자신이 영어 공부를 하는 강력한 동기가 무엇인지 생각해보자. 그 목적이 영어 강사가 되고 싶다거나, 승무원이 되고 싶다거나 어떤 것이어도 좋다. 영어 공부를 해야 하는 이유를 떠올리고 항상 마음속에 새겨두자. 그렇다면 즐거운 마음으로 평생 영어와 친구로 지낼 수 있다.

chapter 4

나를 빛나게 하는
승무원 면접 스킬 8가지

Be yourself Be natural

외국 항공사 승무원 면접은 국내 항공사보다 다양한 방식으로 진행된다. 승무원 지망생들은 생소하고 까다로운 외국 항공사 면접 전형에 미리 겁을 먹고 내게 이렇게 얘기하곤 한다.

"선생님, 외국 항공사 면접은 너무 어려운 것 같아요."

"제가 과연 할 수 있을까요?"

면접을 제대로 분석하고 준비한다면 어려울 것도 없다. 외국 항공사 승무원 면접에서 가장 기본적으로 지켜야 할 핵심 두 가지를 먼저 알아보자.

첫째, 나 자신을 잘 알고 있어야 한다.

'자신을 잘 꿰뚫어 볼수록 더 강해진다.' 에리히 프롬Erich Pinchas Fromm, 1900~1980의 《나는 왜 무기력을 되풀이하는가》에 나오는 말이다. 면접을 잘 보기 위해서는 자기 자신을 제대로 파악하는 시간이 필요하다. 면접의 사전적 의미는 대화를 통해서 서로를 알아가는 과정이다. 우리는 면접을 통해 면접관에게 '나'라는 사람을 알리는 것이다.

예를 들어 백화점 직원이 소비자에게 옷을 판다고 생각해보자. 옷을 팔기 위해서는 직원이 옷의 특징들을 정확히 파악하고 있어야 한다. 그래야 손님에게 재벨리 옷의 장점을 소개하고 나른 옷과 함께 다양한 코디 방식을 보여줄 수 있다. 그 옷이 살만한 가치가 있다는 것임을 어필해야 되기 때문이다. 이처럼 면접에서도 우리 자신의 강점을 쏙쏙 골라서 다양한 방법으로 면접관에게 전달하면 된다.

승무원 지망생들을 가르칠 때 학생들에게 이런 질문을 한 적이 있다. "What is your personality?" 어떤 학생들은 자기 자신의 성격을 잘 모르겠다며 다음 시간까지 숙제로 내주면 안 되겠냐고 했다. 그들은 그동안 자기 자신에 대해 진지하게 생각해본 적이 없었던 것이다.

물론 그 학생들의 마음이 이해되지 않는 것은 아니었다. 나 역시 승무원 준비를 할 때 '내 속에는 내가 너무 많아!'라며 내 성격에 대해 파악하기 어려웠던 적이 있었다. 하지만 면접을 제대로 보기 위해서는 자신을 잘 파악하고 있어야 한다. 그런 경우, 내가 칭찬을 받았던 적이나 스스로 뿌듯했던 점을 떠올려보면 된다. 그리고 왜 칭찬을 받았으며, 왜 뿌듯했는지 생각해보는 것이다. 그에 대한 답이 바로 '나'라는 사람의 키워드가 된다.

두 번째, 최대한 자연스러운 모습을 보여줘야 한다.

나의 키워드를 알았으면 다음으로 '자연스러움'을 보여줘야 한다. 나를 뽑아준 면접관과 함께 비행한 적이 있다. 비행 중간에 대화를 나눌 기회가 있었는데, 그녀가 내게 이런 질문을 했다.

"한국인 지원자 대부분이 전부 똑같이 웃는 표정을 짓고 있던데, 왜 그런 거죠? 앉아 있는 자세, 손짓이며 말투까지 어색했어요. 마치 감정이 없는 인형 같다고 느꼈어요. 지원서에 있는 사진도 마찬가지예요. 모두 가지런한 하얀 이를 드러내고 웃는 얼굴이었어요. 치아 광고 모델처럼요."

그녀의 말은 사실이었다. 다른 국적의 지원자와는 달리 유독 한국인만 그런다고 했다. 외국인인 그녀의 눈에는 한국인 지원자들의 면접 태도가 낯설고 마치 로봇이나 인형처럼 보인 것이다.

도대체 왜 한국인 지원자에게서만 그런 모습이 보이는 걸까? 승무원 양성 기관이나 면접 책에서는 국내 항공사에 맞춰진 면접 태도를 알려주는 경우가 많다.

예를 들어 '무조건 웃어야 한다' '무릎을 붙여라' '손은 가지런히

모아 무릎 위에 올려라' 등이 있다. 승무원 지망생들은 국내, 국외 따질 것 없이 마네킹을 연상케 하는 이 공식들이 정답이라고 생각한다.

국내 항공사 면접과 외국 항공사 면접의 합격 기준은 다르다. 국내 항공사 면접에서는 지원자가 튀어서는 안 되는 경우가 많다. 걸음걸이에도 공식이 있고 서 있는 자세, 앉은 자세, 표정에 정답이 있다고 말할 수 있다. 내다수는 면접 복장의 색상도 정해 놓는다.

반면 외국 항공사는 정해진 답이 없다. 특히 중동이나 유럽 항공사는 각자의 개성을 존중해주기 때문에 자신만의 색깔을 가진 지원자를 선호한다. 물론, 승무원의 주요 업무인 '안전 책임'과 '손님 응대'의 기준을 벗어나지 않는 자에 한해서다. 아시아계 외국 항공사는 어느 정도 태도에 대한 기준이 있으나, 국내 항공사 기준만큼 까다롭지 않다.

그렇기에 외국 항공사에 지원하려면 편하게 대화하는 모습을 보여주도록 노력해야 한다. 면접을 보는 내내 웃을 필요는 없다. 심각한 얘기를 할 때는 심각한 표정을 지어도 좋다. 무릎을 꼭 붙일 필요도 없고 손짓을 사용하며 대화를 해도 좋다. 다만, 너무 극단적으로 통제되지 않은 모습을 보이거나 감정을 표출하는 것만 피하면 된다.

승무원 지망생 시절, 면접 예상 질문을 뽑아서 나만의 답변을 만들곤 했다. 거의 모든 시간을 답변 만드는 데 투자했다. 그런 후 답안을 토씨 하나 빠지지 않게 외웠다. 면접 스터디 모임에서는 모의 면접을 진행했는데, 서로 답변을 얼마나 잘 외웠는지 확인하는 식으로 진행했다.

한번은 스터디 멤버들과 답변을 말하는 모습을 촬영해본 적이 있다. 나는 화면 속에 비친 내 모습을 보고 충격을 받았다. 외운 답변을 마치 책을 읽듯이 말하고 있었기 때문이다. 또 말의 속도가 어찌나 빨랐는지 마치 누군가에게 쫓기는 사람 같았다. 자연스러움은 눈 씻고 찾아봐도 없었다. 면접관이 이 모습을 보면 얼마나 형편없는 지원자라고 생각할지 상상이 갔다.

이대로라면 절대로 합격할 수 없겠다는 생각이 들었다. 답변 내용을 키워드로 정리하기 시작했다. 키워드만 봐도 내가 말을 이어갈 수 있도록 연습하려는 의도였다.

예를 들면 이런 식이다. 'duty, safety, check, seatbelt'라는 키워드를 "The most important duty of Flight attendants is to keep safety first. They always need to check if passengers have fastened seatbelt before takeoff and landing."으로 말하는 연습을 하는 것이다. 답변을 다 외우는 것보다 훨씬 자연스럽게 말을 이어갈 수 있었다. 면접관이 내 말에 더 집중할 수 있게 말의 속도에도 신경을 썼다.

모의 면접은 준비된 답을 달달 외우기 위해서 하는 것이 아니라 자연스럽게 말하는 연습을 위해 하는 것이다. 모의 면접을 할 때는 주제에 벗어나지 않고 대답을 하는지, 너무 빨리 말하지는 않는지, 표정이 너무 부자연스럽지는 않은지 등을 확인해야 한다.

면접관은 지원자가 얼마나 답변을 잘 외웠는지 확인하려고 일부러 시간과 돈을 투자해서 온 것이 아니다. 답변 내용이 얼마나 훌륭한지 보려는 것도 아니다. 면접관은 지원자가 면접에서 보여주는 자세와 대화를 통해서 어떤 사람인지 파악하려는 것이다. 즉, 지원자가 어떤 동료가 될지, 항공사에서 원하는 인재상에 맞는지를 가늠해본다는 말이다. 자연스러운 대화를 유도해서 자기 자신을 표현하는 것이 핵심이다.

"Please be yourself. Be natural."

카타르 항공 최종 면접을 볼 때 면접관이 한 말이다. 면접관은 지원자에 대해 알기 위해서 면접을 본다. 면접은 우리를 알릴 좋은 기회인 셈이다. 면접에서 좋은 결과를 얻으려면 무엇보다 자기 자신에 대해 잘 알아야 한다. 그래야 어떤 질문을 받아도 일관성 있는 모습을 보여줄 수 있다. 본인의 장점, 능력, 가능성이 무엇인지 잘 파악한 후 면접관에게 어필하면 된다.

이때 틀에 박힌 답이나 행동은 피해야 한다. 면접에는 모범답안이라는 것이 없기 때문이다. 자신만의 색깔이 담긴 이야기를 어떻게 강조하고 전달하는지에 따라 정답이 될 수도 아닐 수도 있다.

그러니 내가 어떤 사람인지, 어떤 삶을 살아왔는지 잘 떠올려보자. 그런 다음 면접 준비를 시작하면 된다. 자연스럽게 나를 보여주는 과정이 바로 면접이다.

면접관의 마음을 움직여라

"선생님은 어떻게 합격하셨어요?"

승무원 지망생을 가르칠 때, 많이 들었던 질문이다. 나는 약 100 대 1의 경쟁률을 뚫고 카타르 항공에 입사했다.

이런 얘기를 하면 수강생들은 내가 학벌이 상당히 좋거나, 화려한 이력이 있을 것으로 생각했다. 귀가 솔깃할 만큼 대단한 경력은 커녕 그저 평범한 이력을 가진 지원자였다는 사실을 알고 나면 대다수는 놀라곤 했다. 학생들이 보기에도 그럴싸한 이력은 없어 보였기 때문이다.

"면접관의 마음을 움직였지."

학생들은 내 말을 듣고는 자신의 마음 하나도 움직이기 힘든데, 다른 사람의 마음을 움직이는 것이 가능한 건지 물었다. 평범한 내가 어떻게 면접관의 마음을 움직일 수 있었을까?

첫째, 나의 진짜 이야기를 들려주면 된다.

면접관은 지원자로부터 거창한 지식 따위를 듣고 싶어 하지 않는다. 지원자가 잘 아는 것, 사소한 경험, 지원자의 실패와 변화에 대해서 알고 싶어 한다. 우리가 여기서 알아야 할 점은, 이 사소한 것들이 독창성을 갖고 있다는 점이다. 오직 '나'에게서만 나오는 것이기 때문이다.

나는 항공과 관련 학위는 없었지만, 승무원의 직무에 대해 잘 이해하고 있다는 점을 어필했다. 그리고 어학연수 없이 영어를 잘하게 된 나만의 공부 방법을 소개했다.

큰 외국계 기업에서 다양한 국적의 사람들과 일한 경험은 없었지만, 통역 가이드로 외국인들을 인솔한 경험을 생생하게 전달했다. 그 어떤 화려한 스펙 하나 없었지만, 당당한 태도로 면접을 즐길 수 있었다.

면접관은 내가 살아온 이야기에 호기심을 가졌다. 너무도 소소한 삶이지만 그 속에는 '나'라는 사람만이 가질 수 있는 색깔이 분명히 존재했기 때문이다. 면접관의 마음을 움직이기 위해서는 '나'에게 독창성을 부여해야 한다.

화려한 경력이나 학벌, 지식 수준으로 나를 차별화하라는 것이 아니다. 나의 사소한 경험을 이야기로 전달해야 한다는 것이다.

둘째, 공감대를 형성해야 한다.

소개팅을 나갔다고 생각해보자. 외모나 학벌과 같은 조건들은 마음에 들지 않지만, 나와 관심사가 같고 대화가 잘 통하는 A가 있다. 또 다른 상대 B는 완벽한 외모와 스펙을 지녔으나 대화가 쭉 이어지지 않고 지루함을 느끼게 한다. A와 B 중에서 누구와 대화를 더 나누고 싶은가? A일 것이다.

사람들은 공감대가 형성되는 상대방에게 마음이 끌린다. 면접관도 사람이다. 외모나 학벌, 스펙과 상관없이 공감대가 형성되는 지원자에게 끌리게 된다. 과연 어떻게 하면 면접관으로부터 공감을 끌어낼 수 있을까?

"Wow! I like your Jacket!"

면접관이 당신에게 면접 복장에 대해 칭찬했다고 상상해보자. 당신이라면 면접관에게 어떤 대답을 해줄 것인가? 그냥 고맙다는 인사만 하고 넘길 것인가? 수강생들에게 똑같이 질문해본 적이 있다. 거의 모든 지망생이 고맙다고 인사만 하고 넘어갈 것이라고 대답했다.

실제로 카타르 항공 최종 면접에서 면접관은 내 손톱에 네일아트되어 있는 것을 보고 예쁘다며 칭찬했다. 나는 고맙다는 인사와 함께 면접관의 취향을 물었다.

"Thank you. I got my nails done for today. By the way, do

you like to do you nails?"

"Yeah! I love it. Where did you get it? In Korea? or near here?"

면접관은 신이 난 듯 질문했다. 나는 지도를 그려가며 내가 방문했던 가게를 알려주기도 했다. 덕분에 면접 분위기가 한결 밝아지는 것을 느꼈다.

면접관은 나의 대답과 행동에 어떤 생각을 가졌을까? 아마도 '대화를 통해 공감대를 형성하는 지원자'와 '지도까지 그려가며 위치를 설명해주는 세심한 지원자'로 생각했을 것이다.

간혹 면접관이 지원자를 칭찬하는 것을 어색해하거나 불편해하는 지원자가 있다. 국내 항공사나 국내 기업의 면접에서는 보기 힘든 광경이기 때문이다. 반면에 외국 항공사 면접의 분위기는 꽤 자연스럽다고 할 수 있다. 면접관들이 권위적인 태도를 보이거나 엄격한 분위기를 조성하지 않는다. 지원자의 있는 그대로의 모습을 보기 위해 최대한 편하게 대화를 시도한다.

예를 들어, 면접관이 한국에서 유명한 쇼핑 장소에 대해 정보를 얻는다거나 지원자에게 한국 화장품 브랜드를 물어보는 경우도 있다. 이 때문에 면접관이 일상적인 주제로 대화를 시도하거나 칭찬을 해도 전혀 어려워할 필요가 없는 것이다.

면접관이 지원자를 칭찬하는 이유는 두 가지다. 정말로 칭찬하고 싶어서와 칭찬했을 때 어떤 반응을 보이는지 보기 위해서다. 그러므로 면접관이 칭찬을 해주면 고맙다는 인사는 물론이거니와 공통 관심사를 끌어낼 수 있는 쪽으로 대답해보는 것을 추천한다.

세 번째, 나의 인성을 보여주면 된다.

내가 최종 합격한 카타르 항공 면접은 중국 광저우 M호텔에서 진행되었다. 나는 면접 동안 그 호텔에서 묵었다. 최종 면접이 끝난 후 호텔 로비에서 리셉션 직원과 얘기를 나누고 있었다.

그런데 그 순간 면접관을 마주치게 되었다. 정말 공교롭게도 면접관들도 나와 같은 숙소에 머물고 있었다. 그녀는 호텔 방 카드가 작동하지 않는다며 호텔 직원에게 도움을 청하고 있었다. 카드를 몇 번이나 바꾸었지만 해결되지 않은 듯했다. 매우 난감해하고 있던 그녀는 정말 피곤해 보였다. 나는 도움을 주고 싶어 면접관에게 말을 걸었다.

"저도 이 호텔에서 묵는데요. 혹시 괜찮으시면 문제가 해결될 때까지 제 방에서 쉬셔도 됩니다. 저는 로비에 좀 더 있을 예정이라서요."

"어머, 말만으로도 감동이네요! 호텔 매니저가 알아보는 중이니 아마 해결될 겁니다. 정말 고마워요!"

그녀는 정말 감동한 듯했다. 잠시 후 문제가 해결되었다.

"오늘 면접 정말 즐거웠어요! 다음에 또 볼 수 있기를 바라요!"

그녀의 말은 진심이었다. 우리는 정확히 두 달 후 카타르 항공 본사 건물에서 마주쳤다. 내가 입사 훈련을 받을 때였다.

면접이 끝난 뒤, 다른 장소에서 면접관을 마주쳤다면 어떻게 행동해야 할지 묻는 학생들이 있다. 정답은 없지만, 중요한 것은 그 순간에도 '나'라는 사람을 보여줄 수 있어야 한다는 점이다. 어떤 기회가 생기든 나의 인성을 보여주라는 말이다. 면접관은 끝까지 지원자를 관찰하고 분석하기 때문이다

내가 생각하는 '나'는 도움 주는 것을 좋아하고, 배려할 줄 아는 사람이다. 이 부분을 면접관에게 최대한 말과 행동으로 보여주려고 노력했다. 지도를 그려서 위치를 이해하기 쉽게 설명해준다거나, 피곤해하는 면접관에게 쉴 수 있게 내 공간을 양보하는 모습을 통해서 말이다.

'합격'이라는 글자를 보기 위해서는 면접관의 마음을 움직여야 한다. 수천 명의 지원자 사이에서 나를 돋보이게 만들어야 되기 때문이다.

이력서에 빼곡하게 적힌 높은 스펙이나 화려한 경험들로는 면접관의 마음을 움직일 수 없다. 자신만의 경험과 강점을 이야기로 풀어내거나, 사소한 행동으로 면접관의 마음을 흔들어야 한다. 그들은 완벽한 조건을 갖춘 사람을 찾는 것이 아니다. 해당 업무를 잘

소화해낼 가능성이 있는 사람을 찾는다. 입사 후 훈련 과정을 통해서 부족한 자질을 채우면 된다.

　면접은 나의 가능성을 보여주는 자리다. 완벽한 승무원의 자질을 갖춘 사람은 존재하지 않는다. 이것만 기억하자. 당신은 세상에서 유일한 존재다. 당신만의 경험과 강점은 돈으로 환산할 수조차 없을 정도로 가치 있는 것이다. 그러니 당당하게 당신의 가능성을 보여줘리.

항공사의 특성에 맞는 전략을 수립하라

"정아야, 국내 항공사 면접은 안 봐?"

하루는 함께 승무원 면접을 준비하는 친구가 물었다. 나는 승무원 지망생 시절 외국 항공사 면접에만 몰두했다. 여기에는 두 가지 이유가 있었다.

첫 번째 이유로는 국내 항공사에 지원할 수 없는 신체 조건을 갖고 있었기 때문이다. 2009년 당시 모든 국내 항공사가 신장이 최소 162cm 이상 되어야 한다는 조건을 걸었다. 그러나 내 키는 160cm였다. 간혹 국내 모 항공사 채용에서 162cm에 1~2cm 정도 미달하는 지원자가 합격하는 예도 있었으나, 극히 드문 경우였다. 객관적으로 나의 상황을 봤을 때, 국내 항공사에 합격할 확률은 매우 낮아 보였다.

두 번째 이유는 외국 항공사의 근무 조건이 마음에 들었기 때문이다. 국내 항공사에 입사하면 한국에서 살아야 하지만, 외국 항공사는 대부분 그 나라에서 거주한다. 해외에서 살아보고 싶은 마음이 컸던 나는 당연히 외국 항공사에 눈길이 갔다. 게다가 카타르 항공이나 에미레이트 항공과 같은 중동 메이저 항공사는 고급 아파트도 무료로 제공한다는 점이 매력적이었다.

많은 외국 항공사 중에서도 유독 카타르 항공에 입사하고 싶었다. 내가 정해놓은 취업 기준에 카타르 항공이 가장 적합했기 때문이다. 항공사의 네임 밸류, 수평적인 문화, 복지 그리고 연봉을 가장 중요한 기준으로 선정했다.

또한 철저한 자신에 대한 분석을 통해, 내가 사람들과 소통하고 끊임없이 교류하는 성격이라는 것을 알았다. 이는 카타르 항공이 원하는 인재상과 일치했다. 내 취업 기준에 맞지 않은 항공사는 후순위에 두었다. 이렇게 함으로써 내가 원하는 기업의 기준에 맞춰 면접을 준비할 수 있었다.

외국 항공사는 지역에 따라 크게 아시아계 항공사, 유럽/중동 항공사, 이 두 가지로 나눌 수 있다. 각기 특성이 있는데, 먼저 아시아계 항공사는 유럽/중동 항공사와 비교하면 지원자의 나이와 이미지를 중요하게 생각한다. 이미지가 좋으면 영어 실력이 부족해도 뽑아주기도 한다. 중국이나 홍콩, 마카오 항공사 같은 경우는 영어, 한국어 외 다른 언어를 할 줄 알면 가산점이 붙는다. 나이 제한은 따로 두지 않는다.

하지만 나이가 어린 지원자를 뽑는 편이다. 특히 동남아시아의 모 항공사에서는 서류에서부터 나이로 거른다는 소문이 있다. 나는 서류에 합격한 지원자 중, 만 25세 이상의 지원자는 본 적이 없다. 그리고 싱가포르 항공이나 말레이시아 항공 승무원은 몸매가 드러날 정도로 딱 맞게 유니폼을 입기 때문에 그에 어울리는 신체 조건을 선호한다.

마카오 항공 면접에서 있었던 일이다. C라는 지원자는 이미지가 매우 좋았다. 그러나 다른 지원자에 비해서 영어 실력이 좋지 않았다. 면접관의 질문에 대답을 제대로 못하기도 했다. 면접관은 쉬는 시간에 C를 따로 불러냈다. 항공사 안전지침 관련 매뉴얼을 C에게 보여주었다. 면접관은 C가 잘 읽을 수 있는지 확인했다. 매뉴얼을 문제없이 읽자 면접관이 "OK!"라고 대답했다. 그리고 C를 합격시켜주었다. 영어 공부를 계속하라는 말과 함께 말이다. C의 이미지가 면접관 마음에 들었기에 부족한 영어 실력은 크게 문제가 되지 않았다.

또 다른 지원자 A는 일본어 특기자였다. 하지만 영어는 유창하지 않았다. 면접관이 A에게 일본어 질문을 따로 했다. 유창한 일본어 실력을 뽐낸 A는 마카오 항공에 최종 합격할 수 있었다.

아시아계 항공사는 대체로 지원자의 장점이나 특기에 가산점을 부여한다. 또한 마음에 드는 지원자가 있으면 면접관이 도움을 주는 때도 있다. 만약 자신이 25세 미만이거나 이미지가 좋다는 얘기를 많이 듣는다면, 아시아계 항공사를 공략해봐도 좋을 것이다. 더불어 영어, 한국어 말고도 다른 언어를 할 줄 안다면 해당 언어로 간단한 자기소개나 지원 동기 정도는 준비해두는 편이 좋다.

유럽/중동 항공사는 아시아계 항공사보다 어학 능력과 국제적인 삼삭을 지닌 지원자에 크게 점수를 주는 편이다. 합격자 중에는 서비스 경력이 풍부한 사람이 많다.

즉, 서비스직에 대해 충분히 잘 이해하고 있는 지원자를 선호한다. 지원자의 성격이나 성향을 판단하기 위해 면접 시간이 길다. 질문을 매우 상세하게 하는 편이다. 따라서 영어 실력이 받쳐주지 않으면 면접이 매끄럽게 진행되기 어렵다.

또한 아시아계 항공사와는 달리 나이, 외모, 신체 조건에 크게 제한을 두지 않는다. 유럽 항공사는 대체로 신장이 158~160cm 이상이면 된다. 그리고 중동 항공사는 암리치가 최소 212cm만 넘으면 된다. 단, 중동은 피부와 치아 상태가 좋아야 건강하다고 생각하므로 피부가 좋고 치열이 고른 지원자를 선호하는 편이다.

승무원 영어 인터뷰를 가르치던 수강반에 P라는 학생이 있었다. P는 중동 항공사를 지망했다. 다른 지망생보다 유난히 나이가 많았다. 30대 중반이었던 P는 주위에서 걱정하는 시선들과는 달리 나이는 숫자에 불과하다며 당당한 태도를 보였다. 오히려 자신의 다른 장점으로 충분히 나이를 커버할 수 있다고 했다. 그리고 P는 정말 카타르 항공에 합격할 수 있었다. 그 당시 P는 35살의 나이였다.

P는 어떤 장점이 있었을까? 내가 기억하는 P는 영어를 잘했다. 그리고 서비스 경력이 풍부하여 모든 답변에 다양한 이야기가 담겨 있었다. 지원자 사이에서 맏언니로서, 사람들을 좋은 방향으로 이끌고 남을 배려할 줄 알았다. 그런 P의 서비스 경력과 영어 실력, 배려심 그리고 밝은 에너지가 면접관의 눈에도 보였을 것이다. P의 말처럼 나이는 정말 숫자에 불과했다.

유럽/중동 항공사 면접에서 자신의 잠재력과 가능성을 충분히 보여준다면 다른 외적인 조건들은 큰 문제가 되지 않는다. 나 또한 암리치가 기준 미만이었지만, 면접관이 나의 가능성을 보고 뽑아주었다. 그러니 외모와 신체조건, 나이에 대해 너무 걱정하지 말자. 최소한의 기준은 맞추어야겠지만, 거기에 집착하지 말란 얘기다. 중요한 것은 당신의 역량이다.

개별 항공사의 특성을 잘 알고 있으면 면접에 도움이 된다. 가장 쉬운 방법은 항공사 공식 홈페이지에 접속해서 알아보는 것이다. 국내 항공사의 경우 홈페이지에 항공사마다 원하는 인재상이 나와 있다.

그러나 외국 항공사는 인재상에 대한 정보를 홈페이지에서 찾기 어려운 경우가 많다. 이럴 때는 승무원들의 블로그를 찾거나 카페를 통해서 유용한 정보를 얻으면 된다. 현직자만이 알 수 있는 회사의 분위기나 특색, 장단점을 자세히 알 수 있다.

나는 승무원 지망생 때, 카타르 항공 현직 승무원의 블로그에 자주 들렀다. 그분의 말에 의하면 카타르 항공의 경우 회사 규율이 매우 엄격하다고 했다. 그중 'minimum rest'라는 규칙이 있다고 했다. 비행 출발 시각 12시간 전부터는 무조건 본인 숙소에 있어야 하는 것이었다. 회사에서는 minimum rest를 지키지 않는 자에게 경고를 주고, 다시 반복될 경우 퇴사 조치까지 내린다고 했다.

이런 정보들을 모두 메모해둔 뒤, 내가 가진 장점을 어필할 때 사용했다. 예를 들어 다음과 같은 상황이다. 카타르 항공 최종 면접을 볼 때였다.

"Do you know that Qatar Airways has strict rules? And Sometimes we give a warning to people not willing to follow those."

이와 같은 면접관의 질문에 이렇게 대답했다.

"I am definitely aware of that. Also I've heard that Qatar Airways is very particular about 'minimum rest'. I want to say I am strict regarding the rules. So, I am sure that I have no problem with that."

나는 규율을 매우 잘 따르는 사람이라는 점을 강조했다. 면접관은 내가 카타르 항공의 규율에 대해서도 잘 알고 있는 지원자라고 판단했을 것이다.

자신이 가고자 하는 항공사 합격자의 면접 후기를 읽어보는 것을 추천한다. 여기서 나의 소소한 팁을 알려주겠다. 합격자의 후기를 보다가 자주 보이는 단어나 문장을 표시해두는 것이다. 그다음, 표시해둔 단어나 문장 중 나와 연관지어 말할 수 있는 부분을 다시 표시해둔다. 그리고 표시해둔 단어를 각색해서 자신의 사례나 이야기 속에 자연스럽게 녹이면 된다.

취업은 전략이다. 항공사마다 필요로 하는 인재는 따로 있다. 내가 얼마나 뛰어난가에만 집중하고 있으면 안 된다. 면접을 위해 내 키워드를 찾았으면, 그 기업의 인재상과 나의 키워드 사이에 교집합 부분을 찾아내야 한다. 그것이 바로 면접관에게 강력하게 보여줘야 할 나의 색깔이다.

그런 다음, 합격생들의 합격 후기를 되도록 많이 읽어보자. 면접에 대한 정보를 얻고 미리 알고 준비하면 성공할 확률이 높기 때문이다. 또한 면접관에 대한 정보도 얻을 수 있다. '지피지기면 백전불패'라는 말이 있다. 상대를 알고 나를 알면 백번 싸워도 위태롭지 않다는 뜻이다. 나를 알고 항공사의 특성과 면접관을 알면 면접에서 지지 않을 것이다.

하려는 말을 정확하게 전달하라

승무원 준비생 시절, 스터디 모임 사람들과 주기적으로 모의 면접을 했다. 우리는 서로 피드백을 주곤 했다. 가장 많이 들었던 피드백 중 하나는 메시지 전달력이 부족하다는 것이었다. 무슨 의미를 전달하고자 하는지 이해가 되지 않는다고 했다. 나는 아주 자세히 설명해줬다고 생각했기에 그저 그들의 이해 능력 부족이라고 판단했다. 하지만 모의 면접에서 면접관 역할을 많이 맡게 되면서 나의 잘못된 습관을 알게 되었다.

면접에서 중요한 핵심은 신속함과 정확성이다. 면접관은 주어진 시간 안에 지원자를 파악해야 한다. 지원자가 질문의 의도를 잘 알아차리고 그에 맞는 답을 제대로 전달해야 한다. 그래야 시간에 쫓기지 않고 나라는 사람을 잘 보여줄 수 있다.

승무원은 비행 전 브리핑이라는 것을 한다. 동료들끼리 정확한 비행 정보나 주의사항 등을 공유한다. 브리핑 시간은 정해져 있다. 전달해야 할 사항들도 많다. 이런 상황에서 가장 필요한 것은 바로 신속하고 정확하게 말하는 능력이다.

안전사고가 났을 경우를 생각해보자. 승무원은 1분 1초라도 빨리 동료들에게 핵심 내용을 전달해야 한다. 그래야만 응급처치 및 대응을 할 수 있기 때문이다. 이러한 직업 특성으로 인해서 면접에서는 의미 전달력이 좋은 지원자를 높게 평가한다. 어떻게 해야 의미를 정확하게 전달할 수 있을까?

첫째, 주제를 한 문장으로 요약해서 말하자.

하고자 하는 말의 헤드라인을 작성한다고 생각하고 연습해보자. 신문기사의 헤드라인은 기사 전체의 내용을 일목요연하게 정리해준다. 독자들은 그 한 줄만 보고도 기사가 어떤 내용인지 파악할 수 있다. 언론사 기자들은 입사 후 가장 먼저 헤드라인을 작성하는 훈련을 한다고 한다. 그만큼 핵심 요약이 중요하기 때문이다.

전 영국 총리였던 윈스턴 처칠Winston Churchill, 1874~1965은 "청중이 자신이 들은 스피치에 대해 한 문장으로 설명하지 못한다면 그 연설은 하지 않은 것만 못하다"라고 했다. 내가 말하고자 하는 핵심 내용을 한 줄로 요약하지 못하면 그 말에는 주제가 없는 것과 마찬가지다. 주제가 없으면 이야기의 흐름이 흐려지고 면접관이 내 말을 제대로 이해하지 못한다.

면접에서 "What do you like to do if you become a flight attendant?"라는 질문을 받았다고 가정해보자. 하지만 답변을 말할 수 있는 시간은 10초밖에 주어지지 않았다. 당신은 면접관에게 무슨 말을 하고 싶은가? 바로 그 대답이 핵심 메시지인 것이다.

둘째, 두괄식으로 얘기하자.

홍콩 드래곤 항공 최종 면접을 볼 때 있었던 일이다.

"Do you prefer working as a team or by yourself?

면접관이 내게 사람들과 팀으로 일하는 것을 선호하는지 혼자서 일하는 것을 더 좋아하는지 물어보았다.

"I prefer working in a team because I've experienced a lot of team cooperation while working for my previous company."

면접관은 내 대답이 시작됨과 동시에 고개를 끄덕였다. 말의 첫 부분에 이미 "I prefer working in a team"이라고 결론을 얘기했기 때문에 듣는 사람이 이해하기 쉬웠을 것이다. 두괄식으로 얘기하면 면접관이 앞으로 어떤 내용을 듣게 될지 관심을 두게 되고, 집중하고, 기억하기도 쉬워진다. 즉, 지원자가 '이제 이런 내용을 말할 것이니 잘 들어주세요.'라고 예고하는 것과 같다.

두괄식을 쓰지 않아서 실패한 사례가 있다. 승무원 지망생들을 가르칠 때였다. 나는 학생 L에게 승무원 지원 동기를 물어본 적이 있다. L의 대답은 이랬다.

"I really like my current job because I learned many things from my work. However when I stayed in US, I met a lot of friends and I felt really excited meeting new people. That made me want to travel throughout the world and now I travel very often. Last year, I went to US again and I visited my friends there. One of my friends suggested this job because they said I love traveling and meeting people. So I thought I would be suitable for this job."

얼핏 보면 L의 답변은 체계적이고 멋진 이야기 같다. 하지만 앞의 내용을 충분히 듣고 나서야 왜 지원하게 되었는지를 들을 수 있다. 면접관들은 끝까지 기다리는 것을 별로 좋아하지 않는다. 수백 명도 더 되는 지원자들의 답을 하나하나 끝까지 듣는다고 생각해보면 아마 이해될 것이다. 그러니 면접관이 듣고 싶어 하는 말을 가장 먼저 말해보는 것을 추천한다.

셋째, 핵심 메시지만 간결하게 얘기하자.

지원자 대부분은 면접이 이번 한 번뿐이라고 생각한다. 그러다 보면 완벽하게 해내고 싶은 욕심이 생긴다. 결국 너무 많은 것을 준비하고 말하게 된다. 이런 경우는 오히려 면접관의 머리를 복잡하게 만들고 집중력을 떨어뜨린다. 한국말도 그렇다. 말이 길어지면 점점 이야기가 산으로 간다. 처음에는 흥미를 느끼다가 나중에는 지루하게 들리거나 '내가 이 사람 말을 왜 들어야 하지?'라는 생각을 하게 된다. 내가 가르친 한 학생의 자기소개 예시를 보자.

"I am very pleased to introduce myself. I am working for A hotel in Korea as a sever and it's really rewarding. This work experience made me an flexible and interpersonal person because I learned how to work differently depending on situations. And I learned culture differences by meeting various customers. Also I could make my English skill much better. This is because I have to handle so many customers from different places in the world. My language skill makes me become a skillful server."

위 내용은 자기소개 일부만을 보여준 것이다. 이보다 더 많은 내용이 뒤에 있다는 얘기다. 이 부분만 들어도 길고 지루하지 않은가? 게다가 핵심 내용을 알기도 어렵고 무슨 말을 했는지 잘 기억나지 않는다. 현재 하는 일에 대해서 너무 장황하게 설명을 늘어놓았기 때문이다.

아무리 애써서 구상한 좋은 내용이라도 꼭 필요하지 않으면 과감히 잘라내야 한다. 꼭 필요한 말만 남겨야 한다. 면접관은 아무리 좋은 내용이라도 절대로 길고 많은 내용을 다 받아들이지 못한다. 오히려 지원자가 말하고자 하는 핵심 주제조차 잊어버린다는 사실을 기억하자.

면접관의 질문에 대답할 때는 하려는 말을 정확하게 전달해야 한다. 의미 전달이 잘 되면 면접관이 온 신경을 집중해서 답변을 듣지 않아도 된다. 굳이 노력하지 않아도 당신이 하려는 말을 쉽게 이해할 수 있다. 자신이 하고자 하는 말의 핵심 주제는 간단명료하게 한 줄로 요약해보자.

그리고 당신이 주장하고자 하는 문장을 제일 처음에 말하면 된다. 두괄식으로 대답하면 두서없이 말하는 실수를 최소화할 수 있다. 또한 면접관이 지원자가 어떤 말을 하려는지 대충 예상하고 듣기 때문에 지루함을 덜 느끼게 된다. 온종일 수많은 지원자의 대답을 듣고 있는 것도 힘든 일이다. 조금이라도 면접관을 편하게 해줘야 한다. 그러면 당신은 센스 있는 지원자가 될 수 있다.

알쏭달쏭 면접관의 말, 찰떡같이 알아듣기

승무원 지망생을 가르칠 때 가장 놀랐던 부분은 많은 지망생이 면접관의 말을 듣지 않는 것이었다. 수업 시간에 모의 면접을 진행할 때였다. 나는 학생 B에게 다음과 같이 질문했다.

"What are you going to do after this interview?"

B는 아주 자신 있는 표정으로 대답했다.

"I think I will spend time with my family as much as I can. It won't be easy to see my family if I l live in Qatar."

"What do you mean?"

"I mean I want to make good memories with my family before I leave Korea."

그제야 나는 알아차렸다. B가 내 질문을 제대로 듣지 않았다는 것을 말이다. B에게 혹시 내가 한 말을 잘못 이해한 것인지 물었다.

그러자 B는 평소에 연습했던 예상 문제 중 "What are you going to do after you are hired?"라는 문제로 착각했다고 했다. B는 내가 질문 앞부분까지 얘기했을 때 이미 본인이 연습하던 질문이라고 짐작한 것이다. B는 내 말을 끝까지 듣지도 않은 채 자기 자신이 연습했던 답변만을 머릿속으로 이미 떠올리고 있었다.

지원자에게 면접이란 매우 중요한 순간이다. 인생을 바꿔줄 소중한 기회이기도 하다. 면접이 시작되면 자신이 준비된 인재라는 것을 어필하기 위해 최선을 다한다.

그러다 보니 너무 자신의 답변에만 신경 쓰게 된다. 정작 면접관이 하는 말은 잘 안 듣는다. 또는 너무 긴장해서 제대로 못 듣기도 한다. 하지만 어떤 이유에서든 이것은 탈락의 가장 큰 요인이 된다는 점을 기억해야 한다.

2011년 6월. 중국의 M호텔. 카타르 항공 2차 면접이 진행 중이었다. 암리치 측정이 시작되기 전, 면접관이 간단한 절차를 설명했다. 암리치는 필기시험을 보는 중간에 한 명씩 나와서 측정을 하는데, 나올 때는 신발을 꼭 벗고 나오라고 지시했다.

드디어 필기시험이 시작되었다. 지원자들은 순서대로 암리치 측정을 하러 나갔다. 나는 첫 번째로 나가는 지원자가 구두를 신은 채로 나가는 것을 보게 되었다. 놀라긴 했지만, 실수겠거니 하며 넘겼다. 하지만 두 번째, 세 번째 지원자도 마찬가지였다. 불안했다.

내가 잘못 들은 것인지 의심했다. 여덟 번째 지원자 차례가 되어서야 마음이 놓았다. 그 지원자는 신발을 벗고 나갔기 때문이다.

필기시험과 암리치 측정이 끝나고 면접관은 2차 전형에서 통과된 사람을 발표했다. 정말 신기한 일이 벌어졌다. 암리치 측정 때 신발을 신고 간 사람들은 전원 탈락한 것이다. 그리고 면접관이 마지막으로 이런 말을 했다.

"제가 지시사항을 준 이유는, 여러분이 제 말을 잘 듣고 있는지 확인하기 위해서였어요. 놀랍게도 많은 분들이 제 말을 듣고 있지 않았다는 것을 알게 되었어요. 여러분, 승무원이 갖춰야 할 기본 자질 중 하나는 바로 경청입니다. 오늘 탈락하신 분들은 무엇을 놓쳤는지 잘 생각해보시길 바랍니다."

그렇다. 승무원의 중요한 자질 중 하나는 바로 경청이다. 이것은 친절한 말투나 따뜻한 말 한 마디를 잘하는 것보다도 더 중요하다. 도대체 왜 듣는 게 더 중요할까? 비행 중 위급상황이 발생하면 기장은 승무원에게 지시사항을 준다. 만약 이때 승무원이 기장의 말을 잘 듣지 않는다면 어떻게 될까? 모두의 안전을 보장할 수 없게 되는 것이다.

또 다른 예로, 손님이 당뇨 증세가 있어 특별 기내식을 주문했다고 가정해보자. 손님이 이 사실을 승무원에게 얘기했지만, 승무원은 너무 바빠서 제대로 듣지 않았다. 나중에는 이 사실을 까맣게

잊어버렸다. 결국 승무원은 당뇨 질환이 있는 손님에게 특별 기내식이 아닌 일반 기내식을 제공하고 말았다. 어떤 일이 벌어질까? 소중한 생명을 하나 잃게 되는 상황이 벌어지게 된다. 끔찍하지 않은가? 하지만 실제로 있을 수 있는 일이다. 그러므로 승무원에게 경청의 태도는 매우 중요하다.

한 수강생이 내게 이런 질문을 했다.

"면접관의 말을 제대로 못 들은 경우는 어떻게 해야 할까요?"

"너는 어떻게 할 것 같아?"

"글쎄요. 면접관한테 물어보고 싶지만, 괜히 제가 다시 말해달라고 했다가 영어 듣기 실력이 안 좋다고 생각할 수도 있잖아요."

과연 그럴까? 절대 그렇지 않다. 완벽한 사람은 없다. 누구나 실수를 한다. 한 번 만에 말을 못들을 수도 있는 것이다. 그러니 겁먹을 필요 없다. 면접관에게 솔직하게 말하면 된다. 죄송하지만 제대로 듣지 못했으니 다시 한 번 말해달라고 정중하게 부탁하면 된다.

물론 실수도 반복되면 실력이 된다. 못 알아듣는 상황이 반복될 때는 면접관이 지원자의 영어 듣기 실력에 문제가 있다고 판단할 것이다. 그런 경우가 아닐 때는 겸손하게 그리고 당당하게 부탁하면 된다. 적어도 동문서답하는 최악의 상황은 피해야 한다.

그렇다면 면접관의 말을 끝까지 잘 듣기만 하면 되는 걸까? 아니다. 의도를 파악해야 한다. 한번은 내가 질문한 의도와는 전혀 상관없는 대답을 하는 학생을 본 적이 있다. 학생 C는 영화관에서 일하고 있었다. 나는 일하면서 가장 힘든 적은 언제냐고 질문했다.

"I had hard time with some customers who complained about the movie they just saw. They said the movie was really bad. So they asked me to refund. I was so shocked and I didn't know what to do. That situation got worse because they even yelled at me."

내가 이 질문을 한 의도는 무엇일까? C가 그 힘든 상황을 어떻게 극복했는지를 묻는 것이었다. 하지만 정말 힘들었던 상황만 듣게 되었다. C는 '힘든 상황'에만 초점을 두어 자신이 하고 싶은 말만 했다. 상대방이 실제로 듣고 싶어 하는 말이 무엇인지 생각하지 않은 것이다.

물론 어떤 사건이 있었는지도 중요하지만, 그 사건을 해결하는 과정이 더 중요하다. 면접관은 지원자가 과거에 한 행동을 보고 미래를 예측하기 때문이다. 면접관이 하는 질문의 의도를 파악하고 상대방이 원하는 답을 해주어야 제대로 된 소통을 할 수 있다.

다음은 《월간 정토》 2019년 2월호에서 법륜스님이 소통에 대해 하신 말씀이다.

"우리는 때로 꽃과 나무와도 소통이 되는데 사람끼리는 왠지 소통이 잘 안 될 때가 있습니다. 하물며 식물하고도 소통이 되는데 사람끼리 소통되지 않는 이유는 무엇일까요? 사람은 저마다 입장이 다르고, 취향이 다르고, 가치관도 다른데 내 위치, 내 입장, 내 취향, 내 가치관에서 내 식대로 하려고 하니까 소통이 어려운 겁니다. 소통은 상대가 내 말을 듣고 이해해주는 게 아니라 내가 상대의 말을 잘 듣고 이해해주는 것입니다."

면접은 면접관과 지원자가 대화를 통해서 생각을 교류하는 것이다. 즉, 소통하는 자리다. 원활한 소통을 위해서는 면접관이 하는 말에 귀를 기울이며 말의 의도를 잘 파악해야 한다. 그래야 면접관이 원하는 답을 말해줄 수 있다. 지원자가 자신의 방식대로 대화를 이끈다면 면접관과 소통할 수 없게 되는 것이다.

면접관의 말을 제대로 알아듣지 못했으면 되물어도 괜찮다. 오히려 '말의 의도를 정확하게 파악하기 위해 노력하는 지원자'라고 생각할 것이다. 면접은 자기 자신이 준비한 답변만 말하고 오는 자리가 아니다. 기본 의사소통을 갖춘 사람이라는 것을 보여줘야 하는 곳이다. 그러기 위해서는 의사소통의 기본 자질인 경청하는 습관부터 몸에 익히자.

내 눈에도 승무원 같게 외모를 가꿔라

나는 중국에서 면접을 보고 카타르 항공에 최종 합격했다. 그 후로 같이 합격한 중국인 몇 명과 메일로 서로의 소식을 전했다. 어느 날 한 중국 친구로부터 황당한 얘기를 들었다. 우리나라의 모든 승무원 지망생이 가입하는 인터넷 카페가 있는 것처럼, 중국에도 그런 카페가 있는 모양이다. 중국 친구의 말에 의하면, 그곳의 카페에 나에 대한 글이 올라왔다는 것이다.

'이번 카타르 항공 유일한 한국인 합격자의 복장과 헤어스타일, 그리고 메이크업에 대한 정보를 공유합니다.'

내가 면접 볼 당시의 모습을 아주 상세히 묘사한 글이었다. 누가 나를 그렇게 자세히 관찰하였는지 모르겠으나 꽤 정확한 정보였다. 나는 카타르 항공면접을 볼 때 검은색 치마와 흰색 반소매 블라우스를 입었다. 키가 조금 더 커 보이기 위해서였다. 메이크업과 헤어스타일링은 스스로 했다. 내게 잘 어울리는 스타일을 내가 가장 잘 알기 때문이다.

펄(반짝이는 소재)이 들어간 보라색상으로 눈 화장을 했고 피부화장은 최대한 가볍게 했다. 눈매를 강조하기 위해서였다. 입술도 옅은 분홍빛으로 칠했다. 그리고 헤어는 승무원의 상징인 쪽진 머리가 아닌 포니테일로 묶었다. 나의 두상에 잘 어울리는 스타일이기 때문이다.

그렇다면 내가 한 방법이 모범 답안처럼 누구나 적용할 수 있는 것일까? 그렇지 않다. 지원자마다 어울리는 메이크업이나 머리, 복장은 모두 다르다. 본인의 이미지에 맞는 것을 스스로 찾아야 한다. 승무원 지망생 C는 내게 이런 질문을 했다.

"선생님, 카타르 항공 유니폼 색은 짙은 와인 색상이잖아요. 면접 복장을 버건디 색으로 입으면 좀 더 붙을 확률이 높나요?"

"음. 글쎄, 그 색상이 너의 이미지에 잘 어울리면 되는 거야. 색상에는 정답이 없어. 네 눈에 네가 예뻐 보이는 색상으로 골라 봐."

외국 항공사 면접에서 특별한 제재가 없는 한, 복장은 자유롭게 입어도 좋다. 단, 자기 자신에게 어울려야 한다. 면접 복장은 나의 이미지를 좋게 만들고 더욱 돋보이기 위한 수단이라는 것을 기억하면 된다.

대부분 1차 면접은 지원자의 첫인상을 보고 뽑는 경우가 많다.

예를 들어 카타르 항공 1차 면접은 CV drop이다. CV drop이란 지원자가 이력서를 들고 면접관에게 직접 제출하는 방식이다. 서류 제출 시 면접관과 Small talk짧은 대화이 오고 가는데 이때, 면접관은 지원자의 이미지와 말투, 목소리 등을 확인한다.

개인적으로 이 전형이 가장 중요하다고 생각한다. 나를 처음으로 면접관에게 노출시키는 순간이기 때문이다. 면접관은 지원자가 이력서를 들고 다가오는 순간 첫인상을 파악하는데, 이때 승객의 눈으로 지원자를 평가한다.

왜 승객의 눈으로 보는 걸까? 승무원이 일하는 환경을 떠올려보자. 승객들이 비행기에 탑승하는 순간 처음 마주하는 얼굴은 바로 승무원이다. 승무원이 따뜻한 미소와 편안한 말투로 대하면 승객은 항공사에 대한 이미지를 좋게 바라본다. 하지만 그 반대로 무뚝뚝한 말투와 웃음기가 없는 얼굴로 승객을 마주한다면 승객은 항공사에 대해 어떤 느낌을 받겠는가?

'불친절한 항공사'라는 불명예를 얻을 수도 있다. 첫인상이 무뚝뚝했던 승무원이 아무리 다가와서 최상의 서비스를 제공한다 해도 첫 느낌, 첫인상은 쉽게 지울 수 없다. 이것이 바로 첫인상의 강력함이다. 첫인상은 3초 만에 결정 난다고 한다. 그 짧은 시간 내에 상대에 대한 이미지가 파악되는 것이다. 그리고 한 번 굳어진 첫인상은 바꾸기 쉽지 않다.

면접에서 좋은 첫인상을 주려면 이미지 메이킹이라는 것을 해야 한다. 이미지란 무엇인가? 이미지는, 그 사람에 대한 특유한 감정과 고유한 느낌이다. 심리학자 앨버트 메라비안Albert Mehrabian, 1939~ 연구에 따르면, 이미지 형성 요소는 3가지가 있다고 한다. 용모, 복장, 메이크업, 헤어, 자세 등 시각적인 요소와 목소리와 같은 청각적인 요소, 그리고 언어적인 요소이다.

이미지를 형성하는 데 시각적인 요소는 55%나 영향을 주고, 청각적 요소는 38%의 영향을 준다. 실제로 하는 말인 언어적인 요소는 7%밖에 되지 않는다. 즉, 우리가 면접에서 실제로 하는 말의 내용보다는, 겉으로 보이는 시각적인 모습과 목소리를 잘 가꾸어야 면접관에게 좋은 인상을 줄 수 있다는 말이다.

다음은 이미지 메이킹의 성공적인 사례이다.

스티브 잡스는 프레젠테이션할 때 검정색 폴라 티와 청바지를 입었다. 이는 '애플'사의 혁신적, 역동적인 이미지와 잘 맞아떨어지게 하기 위함이다. 그리고 힐러리 로댐 클린턴은 원색 정장을 입어 커리어 우먼의 당당한 이미지를 보여주었다. 또 치마가 아닌 바지 정장을 활용하여 활동성 있고 에너지 있는 모습을 연출했다. 적절한 액세서리 활용은 그녀의 우아함을 증가시켰다.

이미지 메이킹이란 자신이 상대방에게 보여주고자 하는 이미지를 만들기 위해 노력하는 과정이다. 스티브 잡스와 힐러리 로댐 클린턴은 자신이 원하는 이미지를 상대방에게 전달하기 위해 의상을 적절하게 활용했다. 그들의 전략은 성공적이었다.

면접도 마찬가지다. 가장 먼저 어떤 이미지를 면접관에게 보여주고 싶은지 생각해보자. 그런 후, 내가 바꿔야 할 부분을 찾고 개선하면 된다. 의상과 머리, 화장법을 바꿔서라도 개선하면 된다.

항공사마다 원하는 승무원의 이미지는 조금씩 차이가 있다. 채용 정보를 보면 외모에 대한 기준은 나와 있지 않으나, 실제로 합격생이나 현직 승무원들을 보며 추측해볼 수 있다.

보통 국내 항공사 같은 경우, 승무원의 신장이 길고 몸에 딱 붙는 유니폼을 소화할 수 있는 신체 조건을 가진 지원자를 찾는다. 면접에서 체중을 측정하기도 한다. 이런 이유로 국내 항공사 지망생들에게는 체중 조절은 꼭 해야 한다고 말한다.

반면 외국 항공사는 신체 조건에 대해서는 까다롭지 않다. 특히 카타르 항공은 무슬림교의 영향을 받아 몸매가 드러나는 옷에 대해 보수적인 편이다. 그래서 승무원들이 유니폼을 딱 맞게 입지 못하게 한다. 품이 여유 있게 입도록 하며 체중이 늘어나도 관대한 편이다. 오히려 회사에서 한 치수 큰 사이즈의 유니폼을 제공한다. 물론 건강에 영향을 줄 만큼의 체중 증가는 회사에서도 우려한다.

앞서 3, 4장에서 말했지만, 중동은 치아 상태와 피부 상태가 좋아야 건강하다고 생각한다. 중동 항공사 지망생이라면 치아와 피부 관리는 늘 신경 써야 한다는 점을 잊지 말자.

승무원 지망생들에게 외적인 것뿐만 아니라, 내적인 이미지 메이킹도 강조했다. 이것은 마인드 코칭과도 같다. 이미지는 마음가짐으로부터 시작된다. 어떤 마음을 가지고 있느냐에 따라 풍기는 이미지와 품위도 달라지기 때문이다.

추천 방법은 자신이 가고 싶은 항공사의 승무원들을 검색해 보는 것이다. 그리고 면접관이 그들의 첫인상을 어떻게 판단했을지 상상해보는 것이다. 그런 다음 그 느낌이 내게서도 나올 수 있다고 생각하자. 정말로 그렇게 생각해야 나의 이미지가 바뀐다.

닮고 싶은 연예인을 떠올려도 좋다. 그 사람의 미소나 외모에서 주는 느낌을 보면 된다. 마음으로 떠올리고 내 이미지와 함께 합쳐진다고 믿는 것이다. 자신의 이미지가 좋다고 믿고 그 좋은 기운을 겉으로 드러내도록 하자. 상대방에게도 분명히 전달될 것이다.

외모 기준에 대한 정답은 없다. 내 눈에 승무원처럼 보이면 되는 것이다. 승무원 면접은 미인대회가 아니다. 완벽한 외모 조건을 갖추어야만 합격하는 것이 아니라는 얘기다.

사람들은 승무원에 대한 첫인상을 그 항공사의 이미지로 생각한다. 그런 이유로 면접관들이 1차 면접에서 지원자의 첫인상을 보자마자 합격인지 불합격인지 결정짓는다.

단 3초 안에 면접관의 호감을 끌어내야 한다. 그러기 위해서는 자신의 이미지를 스스로 마음에 들도록 바꾸면 되는 것이다. 우리가 자신에게 느끼는 인상을 다른 사람들도 똑같이 느낀다. 본인의 눈과 마음에 들게 하는 것이 최고의 이미지 메이킹 방법이다.

비교하지 말고 자신감 있는 모습을 보여라

"선생님. 합격자 후기를 읽었는데, 점점 자신감이 없어지는 것 같아요."

어느 날 나와 함께 면접을 준비하던 지원자 P가 말했다. 나는 P에게 합격자 후기를 보며 본인의 키워드를 정리해오라고 숙제를 냈다. 그런데 P는 오히려 자신감이 없어진다고 얘기한 것이다. 자신의 실력이 너무 부족한 것 같다고 했다.

나는 P에게 말했다. "넌 지금 충분히 노력하고 있어. 지금처럼 중심 잘 잡고 가면 되는 거야." P는 고개를 끄덕이며 내 말을 이해한 것 같았다. 하지만 P는 그 후로도 합격자들의 말에 매번 흔들렸다.

대부분 성공한 사람을 보고 자신과 비교하면서 자신감을 잃는 경우가 많다. 하지만 현명한 사람은 성공한 사람과 자신을 비교해서 자괴감을 느끼지 않는다. 다른 사람들의 경험이나 조언을 기꺼이 받아들인다. 그런 다음 자신의 것으로 최대한 활용한다. 어떤 상황에서두 자신의 가능성을 믿고 자신감 있는 태도를 보인다.

승무원 준비생 시절에 나만의 철칙이 있었다. 다른 사람들의 말에 상처받거나 휩쓸리지 않는 것이었다. 합격자의 조언뿐만 아니라 승무원 학원 강사, 면접 스터디 사람들의 조언도 마찬가지였다. 하루는 면접 스터디에서 모의 면접을 진행하는 날이었다. 스터디 멤버 중 A는 내게 이런 피드백을 주었다.

"정아 씨, 영어 실력을 좀 더 키우는 게 어때요? 이 실력으로는 면접에 붙기 어려울 것 같아요."

잠시 당황했다. 하지만 곧 아무렇지 않게 대답했다.

"네. 저도 그렇게 생각해요. 그래서 영어 공부하고 있어요. 조금 더 노력해봐야겠네요."

내 대답에 다들 놀란 눈치였다. 사람들은 내가 그 말에 상처받을 것으로 생각했을 것이다. 하지만 오히려 자극제로 받아들였다. 내게 보이는 부족한 점이 다른 사람에게도 보인다는 것은 반드시 고쳐야 할 부분이라 생각했다.

만약 A의 피드백을 받고 '다른 사람들보다 내가 많이 부족한가?' 하고 생각했더라면 어땠을까? 아마 자괴감을 느꼈을 것이다. 그리고 더는 그 스터디 모임에 나가지 못했을 것 같다.

모든 사람은 각기 다른 성향과 능력, 경험을 갖고 있다. 내가 다른 사람들보다 영어가 부족하다면 분명 나은 부분도 있는 것이다. 내게는 나만의 필살기가 있었다. 사람들과 소통할 수 있는 능력이 뛰어났다. 게다가 상대방을 기분 좋게 만드는 미소와 말투를 가지고 있었다.

영어 실력은 조금 부족하지만, 면접에서 나의 장점을 최대한 보여주자고 생각했다. 그리고 영어는 꾸준히 노력하면 언젠가 잘하게 될 것이란 믿음을 갖고 있었다. 그래서 A가 한 말에 전혀 흔들리지 않았던 것이다. 자신감을 갖기 위해서는 본인만이 할 수 있는 것이 무엇인지 잘 알아야 한다. 필살기를 만들라는 얘기다. 그 필살기에 대한 믿음을 갖고 꿋꿋하게 한 걸음씩 나가면 된다.

다음은 B라는 지원자의 성격에 관한 답변이다.

"I am a good listener. I like to listen to others rather than talk. So People always tend to talk to me because they feel comfortable with me. This makes me understand others well."

면접관은 B를 어떻게 판단할까? B는 자신이 말하기보다 사람들의 말을 경청하는 사람이라고 판단할 것이다. 하지만 B의 또 다른 답변을 보자.

"My nick name is talking machine. I like to talk to others and I can make them smile by talking. Having a conversation with people makes me energetic too."

이번에는 면접관이 어떻게 받아들일까? B가 경청하기를 좋아하는 줄 알았는데 별명이 'talking machine'이라는 말을 듣고 아마 혼란스러울 것이다.

나는 학생들에게 합격 후기를 보고 합격자의 특징을 파악하라고 강조했다. 하지만 일부 학생들은 '합격자가 이랬다더라, 저랬다더라' 하며 쉽게 흔들렸다. B는 원래 말이 많고 활발한 친구다.

그런데 한 합격자가 후기에서 'good listener'라는 단어를 써서 합격한 것 같다는 말에 B가 자신의 답변에도 적용한 것이다. 물론 듣기도 잘 듣고 말도 참 잘하는 사람들이 많다.

하지만 그럴 경우, 아주 설득력 있게 풀어내야만 면접관이 이해할 수 있다. B는 이뿐만 아니라 좋은 답변이 있으면 전부 갖다 붙이는 식으로 면접을 준비했다. 그러다 보니 답변 속에 자신만의 색깔이 완전히 사라져버린 것이다. 답변을 듣고 있으면, 마치 '지킬 앤 드 하이드'처럼 B 속에 여러 인격이 존재하는 듯했다.

많은 승무원 지망생은 합격자의 말을 정답으로 생각한다. 무조건 그대로 따라 하려는 친구들이 많다. 하지만 자칫하다가는 다중

인격으로 오해받을 수도 있다는 점을 명심하자. 합격생의 정보를 분석해서 자신의 상황과 맞는지 판단할 수 있어야 한다. 즉, 본인의 성향과 비슷한 맥락인지, 나를 더 돋보이게 해줄 수 있는지 스스로 보는 눈을 길러야 한다는 얘기다.

카타르 항공 그룹 토의에서 '세계적인 핫 이슈 5가지 말하기'라는 주제가 나온 적이 있다. 합격자 L은 이런 말을 했다.

"Guys, I've seen the news about a tomato. According to the news, a tomato is really good for health. Wellbeing life has been important in the world these days. Also I recommend you to eat a lot of tomatoes, so we can be healthy."

다른 지원자들은 L의 말에 어이없다는 듯한 표정을 지으며 웃었다. L에게는 토마토가 중요한 이슈였지만, 다른 지원자들에게는 그렇지 않았던 모양이다.

하지만 L은 당당히 합격했다. L의 말이 정답이라서 합격한 것일까? 면접에 있어서 정답은 없다. 내가 생각하는 것이 옳다면 그것을 설득하면 된다. 'What'보다는 'How'가 중요하다. L은 자신만의 의견을 전달함으로써 토마토가 왜 세계적인 이슈인지 설명했다.

면접관을 설득하는 데 성공한 것이다.

만약 L이 본인 의견에 대한 믿음이 없었다면 토마토 이야기는 성공적이지 못했을 것이다. 따라서 중요한 것은 콘텐츠에 대한 나의 자신감이다.

면접관도 사람이므로 지원자의 태도에 따라 마음이 움직인다. 면접관에게 자신 있는 모습으로 '나'라는 사람을 알리면 된다. 자신에 대한 확신이 없으면 면접관도 나에 대해 확신을 가질 수 없다. 마음은 마음으로 전해진다. 내가 어떤 마음가짐을 갖느냐에 따라 모든 것이 결정된다는 점을 기억하자.

다른 사람들의 말보다 내 마음이 전하는 소리에 귀를 기울이자. 주위에서 들려오는 소리에 일일이 반응할 필요 없다. 내게 도움이 되는 것만 걸러내서 사용하면 된다. '나'를 중심으로 생각하는 습관을 들여야 한다.

면접 최대의 적은 '비교'다. 모든 사람은 각자의 개성을 갖고 있다. 사고방식과 살아온 배경도 다르다. 내게 잘 맞는 옷이 다른 사람에게도 잘 맞는 것은 아니다. 누군가에게 어울리지 않는 색상이 내게는 잘 어울릴 수 있다. 강조하고 싶은 것은 남들과 비교하는 것은 무의미하다는 것이다.

"남과 비교하는 것은 기쁨을 훔쳐가는 도둑이다. 어제의 나와 비교하라. 그리고 더 나아지도록 시도하라."

26대 미국 대통령 시어도어 루스벨트Theodore Roosevelt, 1858~1919의 말이다. 성공이란 다른 사람보다 더 잘하는 것이 아니다. 최선을 다해 자신의 가능성과 잠재 능력을 실현하는 과정이다. 남들과 비교하지 말고 오직 나와 비교하자. 오로지 '나'에 집중하고 '나'를 믿는 것이 정답이다.

면접관처럼 생각하라

"선생님. 제가 왜 떨어졌는지 정말 모르겠어요."

승무원 지망생들이 자신이 불합격한 이유를 내게 묻곤 한다.

"네가 면접관이라고 생각하고 면접 때 네 모습을 떠올려봐. 그럼 알 수 있을 거야.

고사성어 중에 '역지사지'라는 말이 있다. 상대방의 처지에서 생각해보고 이해하라는 뜻이다. 상대방의 입장이 되어보기 전까지는 그 사람의 심정을 제대로 알기 어렵다. 면접관의 마음을 알기 어렵다면 면접관의 입장이 되어 생각해보자.

면접관은 '함께 일하고 싶은 동료'를 뽑는다. 업무 처리를 잘하고, 승객에게 질 높은 서비스를 제공할 수 있는 지원자를 찾는 것이다. 따라서 자신이 그 직무에 잘 어울린다는 점을 어필해야 한다. 면접이라는 짧은 시간 안에 그들이 바라는 점을 충족시켜줘야 한다. 책임감, 배려심, 유쾌함, 이 3가지를 만족시켜야 한다.

승무원 지망생을 가르칠 때의 일이다. 모의 면접을 진행하고 있었다. 잠시 후 수강생 L에게 질문할 차례가 왔다.

"L, What did you prepare for this interview?"

"선생님, 저 감기에 걸려서 컨디션이 매우 안 좋아요. 그래서 제대로 숙제를 못 했어요. 저 다음 시간에 하면 안 될까요?"

L은 숙제를 못 해온 것을 감기몸살로 핑계대고 있었다.

"그래. 건강이 우선이니까 회복에 집중해. 그런데 면접 볼 때도 아프면 이렇게 얘기할 거니?"

L은 쉽게 대답하지 못했다. 그리고 그날 L은 수업 시간에 매우 무기력한 태도를 보였다. 그런 L의 모습이 안타까웠다. 감기로 몸이 아픈 상황에서도 최선을 다하는 모습을 보였으면 했다.

누구나 각자의 사정은 있다. 승무원들도 비행 중 컨디션이 좋지 않거나 아프기도 한다. 심지어 면접관도 그런 경험이 있을 것이다. 면접관은 지원자가 갑자기 아파서 컨디션이 좋지 않다는 이유로 불합격시키지는 않는다. 중요한 것은 안 좋은 상황 속에서도 지원자가 어떤 태도로 어떤 반응을 보이느냐다.

만약 L이 면접에서 위와 같은 태도를 보였다면 어땠을까? 아마 면접관은 L을 자기관리 못하는 책임감 없는 지원자로 판단할 것이다. 그리고 실제로 비행할 때도 핑계거리를 만들며 자신의 일에 소훌할 것으로 생각한다. 면접관은 책임감 있는 지원자를 원한다. 완벽하지 않아도 주어진 상황에서 최선을 다하는 모습을 보여주어야 한다.

카타르 항공에서 근무할 때 있었던 일이다. 어느 날 브리핑 중 사무장이 얘기했다.

"Guys. Please use magic word. This is not difficult, not expensive. This is human being."

매직 워드는 상대방을 배려해주는 사소하지만 강력한 힘을 갖는 표현이다. 예를 들어 "Thank you" "Please" "I am sorry" 등과 같은 말들이 있다. 승무원은 많은 사람과 함께 일하는 직업이다. 그러다 보면 말 한 마디가 중요해질 때가 많다.

매우 바쁜 비행에서는 모든 승무원이 쉽게 예민해진다. 이때 한 사람이라도 게으르면 동료들끼리 언성이 높아지는 때도 있다. 이런 상황을 방지하기 위해 마련한 대책이 바로 'magic word'이다.

만약 일하지 않는 동료 A에게 "This is your job. Do it!"이라고 말한다고 가정해보자. A는 어떤 반응을 보일까? 상당히 기분 나빠 하며 따질 것이다.

이번엔 다르게 얘기해보자. "I am sorry to disturb you, but I think this is your job. Please can you do it for all of us? Thank you." A는 어떻게 행동할까? 적어도 따지려 들지 않고 자

신의 업무를 해결할 것이다. 이처럼 magic word의 힘이 대단하다. 이 단어들은 비행할 때뿐만 아니라 모든 인간관계에서 기본적으로 지켜야 할 부분이라고 생각한다.

카타르 항공 최종 면접에서 있었던 일이다. 면접이 시작되었다. 면접관은 밖에서 대기하던 나를 맞이하러 나왔다. 그리고 문을 활짝 열며 "Good afternoon! Ms, JANG!"이라며 인사를 했다. 나는 깜짝 놀랐다. 면접관이 나를 만나러 나와 줄 것을 예상하지 못했기 때문이다. 게다가 면접관은 내가 면접장에 들어갈 때까지 문을 잡고 기다려주었다.

"Thank you for opening the door!"

나는 잊지 않고 면접관에게 문을 열어줘서 고맙다는 말을 했다. 그러자 밝게 웃으며 "You're welcome. My pleasure!"라고 대답했다. 면접관은 나의 고맙다는 인사에 자신이 오히려 기쁘다고 했다. 그렇게 훈훈한 분위기 속에서 면접이 시작되었다.

면접을 볼 때도 마찬가지다. 지원자가 magic word를 쓰는 모습을 보여준다면 배려심을 갖춘 사람으로 보일 것이다. 따라서 우리는 사소한 행동 하나에도 고맙다고 말하는 습관을 들여야 한다. 단어 몇 개일 뿐이지만 이는 곧 매너와 직결된다. 매너와 배려심은 조직 문화에서 가장 필요한 기본 인성이다.

아무리 영어 실력이 뛰어나고 기술 자격증을 많이 갖춘 인재라

해도 기본 매너와 배려하는 태도가 없다면 어떨까? 조직에서 살아남기 어려울 것이다. 반면 완벽한 스펙은 없지만, 기본 인성을 갖춘 인재는 뛰어난 적응력을 발휘하여 동료들에게 인정받게 된다.

외국인 동료들이 내 이름을 가지고 자주 놀렸다. 그러면 내가 한술 더 떠 농담을 던졌다. 그러면 분위기가 유쾌해지곤 했다. 내 여권 상 영문 이름은 'JUNGA'로 표기되어 있다. 한국인들은 'JUNGA'라는 이름을 보면 "이름이 정아에요?"라며 묻는다.

하지만 거의 모든 외국인 동료들은 '중가'로 읽었다. 그러면서 내 이름이 한국인 이름 같지 않고 매우 특이한 이름이라 했다. 하루는 인도 출신 동료가 '중가'라는 말이 힌두어로 '콧수염'이라는 뜻이라며 나를 놀렸다. 뭐가 그리 재밌는지 그 친구는 나를 부를 때마다 웃는 것이다. 나는 손으로 콧수염을 다듬는 제스처를 했다. 그러자 분위기가 더욱 밝아졌다.

그 뒤로 비행할 때 분위기가 너무 조용하거나 어두운 것 같으면 내 이름에 관해서 이야기하곤 했다. 동료들과 자연스럽게 대화를 시도하기 위해서다. 그럴 때마다 동료들의 반응은 꽤 좋았다. 그들은 사소한 내 얘기에도 즐거워했다. 조금만 마음을 열고 다가가면 동료들과 쉽게 가까워질 수 있었다.

면접에서도 유쾌함이라는 비장의 무기는 통하는 법이다. 긴긴 면접으로 지친 면접관을 즐겁게 해줄 수 있는 절호의 기회다. 어떻게 하면 면접을 유쾌한 분위기로 만들 수 있을까? 직접적, 간접적으로 '분위기 메이커'라는 이미지를 보여줄 수 있는 방법이 있다. 먼저 직접적인 방법은 면접관의 대화에서 실제로 위트 있는 모습을 보이는 것이다.

예를 들어, 면접관이 "Your jacket looks good on you!"라고 칭찬했다고 가정하자. 이럴 경우 "Thank you! I tried to look pretty today, because today is so special. Did it work?"라고 대답하며 웃어주면 된다. 고맙다는 말로만 끝내지 않고 면접관의 칭찬을 자연스러운 대화로 이끌어가는 모습을 어필할 수 있다.

간접적으로는 면접 질문에 대한 답을 말할 때 자신의 유쾌한 성격을 보였던 일화를 바탕으로 얘기하는 방법이 있다. 평소에 친구들과 만날 때 본인이 어떻게 분위기를 밝게 만들었는지 잘 생각해보면 된다.

승무원은 비행기라는 좁은 공간에서 긴 시간을 보내야 한다. 비행 중 믿고 의지할 수 있는 사람은 동료밖에 없다. 동료들과 어떤 분위기를 형성하는지, 얼마나 친밀감을 가지고 일하는지가 좋은 비행, 나쁜 비행을 결정한다. 동료들이 내게 항상 먼저 다가오리란 보장은 없다. 내가 먼저 유쾌하게 분위기를 만들려고 노력하면 그 비행은 성공적으로 잘 마칠 수 있게 된다. 즉, 내가 유쾌해지면 좋은 비행을 만들 수 있다는 얘기다. 면접관들도 비행을 오랫동안 해온 사람들이다. 그들이 더 잘 알 것이다. 유쾌한 동료가 얼마나 필요한지를.

합격의 비법은 면접관이 되는 것이다. 면접관처럼 생각하면 된다. 면접관은 함께 일하고 싶은 동료를 뽑기 위해 면접을 본다는 것을 기억하자. 당신이 면접관이라면 어떤 동료와 비행을 하고 싶을 것 같은지 생각해보라. 처음부터 모든 것을 갖춘 동료가 아니라, 해딩 업무를 잘 소화해낼 수 있는 기본 자세와 태도를 갖춘 동료를 원할 것이다.

그러기 위해서는 당신이 맡은 일에 최선을 다하는 책임감 있는 지원자라는 것을 어필하자. 면접관의 사소한 말 한 마디나 행동에도 배려하는 태도를 보여주자. 그리고 당신만의 유쾌함으로 면접관의 기분을 즐겁게 해주자.

chapter 5

30대,
나의 꿈은 현재진행형

굿바이
카타르

2008년 가을. 내 꿈을 위한 기나긴 여정이 시작되었다. 나는 1000일이라는 시간을 '항공사 승무원'이라는 목표 하나로 버텼다. 그 긴 시간 동안 좌절감에 참 많이 울기도 했다. 숱한 실패와 도전은 마치 나의 끈기와 인내심을 시험하기라도 하는 것 같았다. 함께 면접을 준비하던 친구들이 하나둘씩 합격할 때마다 웃으며 축하해주는 내 모습이 한없이 초라했다. 나만 늘 제자리에 있는 것 같았기 때문이다.

합격한 친구들을 질투하기도 했다. 나 자신을 겉과 속이 다른 가식적인 사람이라고도 생각했다. 내가 이것밖에 안 되는 사람이라고 생각하니 자존감은 더욱 바닥을 치곤 했다. 그러나 나는 다시 일어섰다. 내가 노력한 시간과 나를 믿고 지지해준 부모님을 생각해서라도 일어서야만 했다. 주어진 환경을 탓하기보다 꼭 해내겠다는 마음으로 버텼다.

그러던 어느 날 나는 중국으로 면접을 보러 가게 되었다. 겨울이 아무리 추워도 봄은 이기지 못하는 법이다. 내 인생에도 추운 겨울이 지나고 봄이 찾아왔다. 그토록 원하던 꿈이 현실이 되었다. 세상을 다 얻은 것만 같았다. 설레는 마음을 안고 카타르행 비행기에 몸을 실었다.

카타르에서 새로운 삶이 시작됨과 동시에 또 다른 고난이 찾아왔다. 승무원을 준비하면서 내 발목을 잡았던 영어가 카타르에 와서도 나를 괴롭혔다. 한국인 동기 한 명 없이 입사 훈련을 버텨내기란 쉬운 일이 아니었다. 나는 영어와의 싸움에서 또 이겨야 했다. 외롭고 끝이 보이지 않았다. 그러나 내가 좋아하는 일을 하고 있다는 사실 하나로 지긋지긋한 전쟁에서 버틸 수 있었다.

사람은 추억을 먹으면서 살아간다는 말이 있다. 지금도 카타르항공에서 만든 추억을 떠올린다. 현실 속에서 기계처럼 일상을 보내다가 비행하며 행복했던 순간을 떠올리면 마음이 금세 말랑말랑해진다. 그리고 그 당시에는 몰랐던 내 직업에 대한 감사함과 소중함을 지금에서야 느끼기도 한다. 세상의 모든 하늘을 여행하며 다양한 사람들을 만나는 일만큼 매력적인 일이 어디 있을까.

물론 좋았던 일만 있었던 것은 아니다. 나 역시 내 직업을 사랑했지만 싫었던 적도 있었다. 사람을 상대하는 일이다 보니 사람 때문에 마음을 다치는 일도 많았다. 상식상 이해할 수 없는 행동을 보이며 힘들게 한 손님도 있었다. 사람인지라 그런 경우에는 분노가 치밀었다.

하지만 손님은 손님이다. 같이 으르렁거릴 수 없다. 내가 맞춰줘야만 했다. 어차피 한번 보고 다시는 안 볼 사람이라 생각하며 쿨하게 넘기게 되었다. 서비스 분야에 종사하는 사람이라면 누구나 다 겪을 수 있는 일이다. 사람 때문에 울고, 사람 때문에 웃게 되는 것은 서비스 분야에서 피할 수 없는 숙명과도 같은 것이다. 그저 지나가는 한순간으로 여기고 마음에 담아두지 않는 편이 좋다.

비행을 시작하고 여행이 주는 즐거움에 푹 빠져 살았다. 다양한 문화를 경험하고 배우는 것이 너무 소중했다. 오늘은 런던에서, 내일은 파리에서 하루를 보내는 삶이 너무 좋았다. 마치 승무원 지망생으로 힘든 시기를 보냈던 것에 대해서 보상받는 것 같았다.

개인적으로 독일 뮌헨 비행을 가장 좋아했다. 뮌헨에 한 달 동안 네 번이나 간 적도 있었다. 우리가 머물던 숙소 옆에는 '잉글리시 가든English garden'이라는 예쁜 공원이 있었다. 뮌헨 숙소에 도착하면 근처 슈퍼에서 맥주를 샀다. 그리고 잉글리시 가든으로 향했다. 그곳에서 맥주를 마시며 음악을 들을 때 정말 행복하다고 생각했다.

예상치 못한 선물처럼 내 마음을 따뜻하게 해준 순간도 있었다. 한번은 여행 금지 국가로 지정된 이라크로 비행을 간 적이 있다.

나는 비행 스케줄 팀에 전화를 걸었다. 내게 왜 위험한 나라 비행을 주냐며 항의했다. 돌아온 대답은 어쩔 수 없다는 말뿐이었다.

결국 투덜거리면서 비행을 갔다. 브라이언 트레이시Brian Tracy, 1944~ 는 "우리에게 일어나는 일은 통제할 수 없다. 하지만 그 일을 대하는 태도는 바꿀 수 있다"고 말했다. 그의 말처럼 나는 다르게 생각해보기로 했다. 아무리 가기 싫은 비행이라도 이 비행마저 내가 1000일 동안 그토록 바라던 순간이라고 믿다.

터번을 쓴 30대로 보이는 여자 손님이 있었다. 비행 내내 그 손님은 손에 쥐고 있던 손수건으로 눈물을 훔치곤 했다. 그리고 중간중간 기도하는 듯했다. 나는 최대한 방해되지 않도록 조용히 손님 옆에 물을 한 잔 놓았다. 그리고 물 옆에는 작은 메모지를 두었다.

'I didn't want to disturb you. Please let me know if you need anything. All is well.'

손님은 그 메모를 확인하고 나를 불렀다.

"Thank you. I could feel your heart and your heart makes me happy. I am so glad to fly with you today."

물 한 잔과 함께 남긴 메시지는 손님에게 큰 위로가 되었다고 했다. 나의 작은 배려가 누군가에게 힘이 되었다는 사실은 나의 직업에 자부심을 갖게 해주었다. 그리고 감사한 마음으로 비행해야겠다고 생각했다. 정말 가기 싫었던 이라크 비행은 지금도 내게 최고의 비행 중 하나로 기억된다.

카타르 항공은 나에게 가족 같은 존재였다. 가족의 소중함은 가까이 있을 때는 잘 알지 못한다. 서로 너무 잘 알기 때문이라는 이유로 감정 표현을 하지 않는다. 내 인생에 없어서는 안 될 소중한 존재라는 것을 알면서도 매번 무심해진다. 카타르 항공은 내게 그런 존재였다. 매우 소중하고 고마웠지만, 어느 순간부터 그 모든 것들이 당연하게 느껴졌다. 그러다 보니 내 마음은 바깥세상을 향해 있었다.

비행 2년 차 되던 때였다. 처음으로 슬럼프를 느꼈다. 비행하고 쉬고 다시 비행하고를 반복하는 삶이 나를 답답하게 만들었다. 주위 사람들에게 마음을 털어놓았다. 하지만 아무런 도움을 받을 수 없었다. 좋아하는 것을 해보며 활력을 찾으려고도 했다.

그것도 잠시뿐이었다. 결국엔 스스로 마음을 바꿔야만 했다. 나 자신에게 집중하고 마음을 들여다보았다. 내 감정을 객관적으로 바라보았다. 그 감정에 동요되지 않기 위해서였다. 그리고 얼마 후 슬럼프로부터 조금씩 멀어졌다. 그렇게 큰 고비를 넘겼다.

슬럼프를 겪고 난 후 고민이 생겼다. 내 삶이 어디로 흘러갈지, 어떤 삶을 살고 싶은지 몰랐기 때문이다. 한때는 승무원이라는 꿈을 이루면 내 인생은 성공할 것이라 믿었다. 멋진 곳을 여행하며 행복한 삶을 사는 모습을 사람들에게 보여주는 것이 나를 즐겁게 해줄 것으로 생각했다.

여전히 동료들은 해외여행을 수시로 다녔다. 비행을 가서도 행복한 일상을 사진에 담아 SNS에 올리곤 했다. 나도 처음엔 그들과 함께 어울렸으나 그렇게 즐겁지 않았다. 가슴이 뛰지 않았기 때문이다.

"인생에서 원하는 것을 얻기 위한 첫 번째 단계는 내가 무엇을 원하는지 결정하는 것이다." 벤 스타인Ben stein, 1944~의 말처럼 나는 내가 원하는 것을 분명히 정하기로 했다. 그러기 위해서는 나에 대한 공부가 필요했다. 비행에서 만나는 다양한 사람들과의 대화를 통해서 내가 무엇을 좋아하는지 조금씩 힌트를 얻게 되었다. 그리고 비행 생활을 제3의 삶을 살기 위한 준비 과정으로 생각하기로 했다.

"Goodbye, Qatar!" 2015년 8월. 4년간 비행 생활에 마침표를 찍었다. 단 한 순간의 망설임이나 미련도 없었다. 후회도 없었다. 내가 가진 모든 에너지를 일에 쏟아 부었기 때문이다. 비행기만 봐도 설레었던 지난날을 뒤로한 채 새로운 출발점 위에 서 있었다. 승무원이라는 직업을 통해 세상을 보고 다양한 사람들을 만났다. 매 순간이 배움의 연속이었다.

하지만 그 속에서도 내가 진정으로 무엇을 원하는지 끊임없이 고민했다. 세상을 여행하며 얻은 삶의 가치들을 내 삶에 고스란히

옮겨가고 싶었다. 승무원이라는 직업은 내 인생의 끝이 아닌 시작에 불과했기 때문이다. 그리고 현재 나는 아직도 꿈을 꾸고 있다.

승무원을 꿈꾸는 당신에게, 그리고 꿈을 이뤄 현재 하늘을 여행 중인 당신에게 승무원이라는 직업을 인생의 최종 목적지로 생각하지 말라는 말을 하고 싶다. 세상은 무궁무진하다. 당신의 잠재력을 무한대로 펼칠 기회가 많다. 현실에 안주하지 않고 늘 꿈꾸는 삶을 살길 응원한다.

4만 피트 하늘길 위에서 깨달은
내 삶의 가치

 사람은 살면서 많은 것을 배운다. 책을 통해서 삶을 배우기도 하고 부모를 통해서 사랑을 배우기도 한다. 나는 4만 피트 상공의 하늘에서 삶의 가치를 배웠다. 그곳은 내게 '인생 학교'였다. 인생 학교를 통해 무엇보다 내가 나를 진심으로 사랑하게 되었다. 나에게 있어 승무원은 있는 그대로의 나를 인정하고 가치 있는 존재로 믿게 해준 소중한 직업이다.

 인천 비행에서 있었던 일이다. 입사한 지 얼마 되지 않았을 때였다. 그날 승무원 사이에서는 내가 가장 후배였다. 아직 기내 서비스에 익숙하지 않았던 나는 다른 사람들보다 일 처리 속도가 느렸다. 한 한국인 선배 P는 나의 느릿한 행동을 못마땅해 했다. 내가 하는 행동마다 쓴소리를 했다.

 그리고 승객들이 있는 앞에서 면박을 주기도 했다. 후배가 빨리 일을 배우길 바라는 선배의 마음을 이해 못 하는 것은 아니었다. 하지만 P의 행동은 상식상 이해가 가지 않았다.

나는 P의 말대로 스스로 일을 못 한다고 생각했다. 마치 제대로 하는 게 하나도 없는 무가치한 사람 같았다. 태국 출신 사무장은 이 상황을 금방 알아차렸다. 그리고 나를 따로 불러 이렇게 말했다.

"P가 너를 괴롭혔다고 생각해? 그런데 내가 볼 때는 P가 너를 괴롭히는 게 아니야. P는 자기 자신을 괴롭히는 것 같아. 자신에 대한 불만과 무기력을 너에게 투사하는 거야. 네가 정말 가치 없는 사람이라고 판단하지는 마. 넌 충분히 잘하고 있어."

사무장의 말을 들으니 선배 P를 미워할 이유도, 용서할 이유도 없었다. P는 자신이 무가치하다는 느낌을 내게 내비친 것이었다. 그 비행 이후로는 누군가가 나를 어떤 방식으로든 깎아내리면, 그 사람이 괴롭고 혼란스러워 그런 것으로 생각했다. 그리고 이 세상에 나를 함부로 대할 수 있는 존재는 아무도 없다는 것을 알았다. 나를 가치 있는 존재라고 믿기로 했다.

조셉 머피Joseph Murphy는 그의 책《잠재의식의 힘》에서 "당신은 파괴적인 타인 암시의 영향을 받을 필요가 없습니다."라고 말한다. 다른 사람이 내게 부정적인 말을 하더라도 그 말은 아무런 힘을 가지고 있지 않다는 얘기다.

내가 그 사람의 말에 아무런 의미를 두지 않는 한 그 말은 내게 아무런 영향을 줄 수 없다. 다른 사람이 부정적인 말을 해도 마음으로 받아들이지 않으면 되는 것이다. 우리에게는 신대할 권리가 있기 때문이다.

한국인 동료 K가 있었다. 하루는 쉬는 날이 맞아 나는 K와 함께 식사를 한 적이 있다. K는 나를 보자마자, 그동안 잘 지내지 못했다며 그 이유에 대해 늘어놓기 시작했다.

"얼마 전에 비행하는데 어떤 사무장이 어찌나 뭇살게 구는지 정말 괴롭더라. 매 비행이 아주 악몽처럼 힘들어. 그리고 회사는 왜 나한테 힘든 비행만 주는 거야? 어떤 애들은 손님도 없고 일하기 쉬운 비행만 잘 받던데. 참 불공평해. 회사를 빨리 그만두든가 해야지. 더는 못 버티겠어. 완전히 지쳤어."

K를 안 지 벌써 수년이 지났지만, K는 전혀 변한 게 없었다. K는 처음 본 순간부터 회사에 대한 불만이 가득했던 사람이다. 매일 불평하면서도 정작 그만둘 용기는 없었다.

K는 무엇보다도 자신이 사랑받지 못하고 부족한 사람이라고 느꼈다. 자신에 대한 불만을 회사나 상사, 주변 사람에게 비추었다. 자신이 겪는 모든 부당함과 실패의 원인을 남 탓으로 돌렸다. 나는 그날 K가 자신이 얼마나 소중한 사람인지를 알았으면 했다.

K 얘기를 들으니 처음 입사했을 때 내 모습이 떠올랐다. 나는 다른 한국인 동료들이 삼삼오오 모여 입사 훈련받는 모습을 보며 부

러워했다. 한국인 동료 하나 없는 내 처지가 안타까웠다. 그리고 마음 맞지 않는 동료를 만나면 모든 원인은 상대방에게 있다고 믿었다. 무기력해지면 회사가 나를 힘들게 해서 그런 것으로 생각했다.

정작 이 모든 것의 원인은 내 마음에 있었다. 내가 나를 사랑하지 않아서였다. 남들과 비교하면서 끊임없이 나 자신에게 실망했다. 나를 너무 몰아붙였다. 그때는 자신을 사랑하는 일이 가장 중요하다는 것을 몰랐다.

하지만 슬럼프를 극복하는 과정에서 내가 나를 사랑해야 한다는 것을 깨달았다. 내가 주인공인 인생을 살기로 한 것이다. 내가 내 삶의 주인이라고 생각하니 내게 일어나는 모든 상황을 다르게 바라보기 시작했다.

몰디브에서 카타르로 돌아가는 비행에서 있었던 일이다. 모든 식사 서비스가 끝나고 나와 동료들은 착륙 준비를 하고 있었다.

"승객 여러분, 지금 도하 국제공항에는 모래폭풍이 심하게 불고 있습니다. 저희 비행기는 관제탑에서 착륙을 허가할 때까지 상공에서 잠시 대기할 예정입니다. 현재로는 약 1시간 정도 대기할 것으로 예상합니다. 승객 여러분의 많은 협조 부탁드립니다."

이때만 해도 1시간 후면 카타르에 도착할 것으로 생각했다. 그리고 1시간이 흘렀다.

"승객 여러분, 죄송한 말씀 드리겠습니다. 도하 국제공항의 날씨는 매우 좋지 않습니다. 대기 시간을 1시간으로 예상하였으나 기상 악화로 인해 착륙 허가를 받지 못한 상황입니다. 비행기의 연료 또한 충분하지 않은 관계로 저희는 바레인 국제공항으로 착륙을 시도할 예정입니다. 불편을 끼쳐드려 죄송합니다."

비행기는 바레인 국제공항에 착륙했다. 그리고 우리는 4시간을 비행기에서 대기했다. 그 시간 동안 나와 동료들은 단 1분도 쉬지 않고 승객들을 돌보았다. 목이 마른 승객에게 물을 주고 배고픈 승객에게는 빵을 제공했다. 정시에 도착하지 못해 불만을 터뜨리는 승객의 말을 들어줘야 했고, 그 와중에 어떤 승객은 아프기까지 했다. 동료들도 하나둘씩 지쳐서 본인의 신세를 한탄했다. 이런 비행을 하게 한 회사를 원망했다.

나는 그들과 다른 태도를 보였다. 부정적인 생각보다는 그 상황이 내게 가르쳐주려는 게 무엇인지 알아차리려 했다. '힘든 상황에서도 승객을 우선으로 돌봐야 한다는 사명감을 느끼게 해주기 위한 것일까?' '내게 인내심을 가르쳐주기 위한 것일까?' 이렇게 돌려 생각하면서 부정적인 감정이 사라지게 했다.

사람들은 자신에게 일어난 상황을 나름대로 해석하고 거기에 파묻히는 경향이 있다. 상황은 우리에게 아무런 감정을 부여하지 않는다. 늘 중립이다. 감정을 만드는 것은 우리 자신이다. 그래서 나는 실패를 더 배우라는 의미로 받아들인다.

캘리포니아 대학의 심리학자 루보미르스키Lyubomirsky는 '행복은 환경, 운, 머리가 아니라 상황을 바라보는 시각이 결정한다.'라고 말했다. 즉, 내가 바라보는 관점에 따라 실패의 연속인 삶인지, 배움으로 가득한 행복한 삶인지 결정된다는 말이다.

비행하다 보면 정말 예측하기 어려운 상황들이 많이 일어난다. 내 의지와는 상관없이 주변 사람들이, 상황이 나를 당황하게 한다. 그럴 때일수록, 내가 내 감정의 주인이라는 것을 잊지 말아야 한다. 내가 주인이 되지 않으면 중심을 잃는다.

그리고 상황에 휩쓸려 감정이 수시로 바뀐다. 결국에는 나 자신이 힘들어지는 것이다. 안타깝게도 감정을 제대로 다스리지 못해 6개월도 채 버티지 못하고 돌아간 동료들도 많이 보았다.

나는 4만 피트 하늘길 위에서 삶의 중요한 가치를 깨달았다. 세상에는 내 마음대로 되지 않는 일투성이다. 그리고 그 어려운 일들은 다 지나가게 되어 있다는 것이다.

이때 부정적인 감정이 올라온다면 조금만 관점을 바꿔보자. 내가 어려운 일에 직면한다는 것은 내가 부족해서가 아니다. 겪어야 할 만한 이유가 있기 때문이다. 이 일을 통해 내 삶에서 꼭 배워야 하는 가치를 얻는다고 생각하자. 톨스토이Leo Tolstoy,1828~1920는 이렇게 얘기했다.

"자기 삶이 만족스럽지 않다고 여기는 이는 환경을 바꿔 삶을 더

낮게 만들고자 한다. 하지만 가장 먼저 바꿔야 하는 것은 내적 영혼이다. 이 일은 언제 어디서든 할 수 있다."

삶은 배움의 연속이다. 주위의 모든 사물과 사람을 통해 배울 수 있다는 마음으로 세상을 바라보자. 삶은 당신이 생각했던 것보다 훨씬 가치가 있다.

승무원의 경력 개발
어떻게 해야 할까?

　"안녕하세요. 저는 현재 비행을 시작한 지 6개월 정도 되었어요. 안타깝게도 제가 너무나도 원하던 생활을 하고 있는데 행복하지 않습니다. 오히려 꿈을 이루고 나니 허무하고 매일 똑같은 하루가 반복되는 느낌입니다. 이렇게 하루, 한 달, 일 년이 지나도 제 미래는 지금과 크게 다를 것 같지 않다는 생각이 들어요."

　카타르 항공에 재직 중인 한 승무원이 내게 메일을 보냈다. 그녀는 미래를 걱정하며 내게 승무원의 경력으로 할 수 있는 일이 뭐가 있는지 조언을 구했다. 그녀는 왜 꿈을 이루고 나서 방황을 한 걸까? 한때는 나도 같은 고민을 한 적이 있다. 꿈을 이루고 나니 내 삶에서 더 이상의 꿈은 없어진 것 같았다. 승무원이 되는 것 말고는 다른 미래를 생각해본 적이 없었기 때문이다.

　보통 승무원 지망생의 꿈과 목표는 '승무원'이 되는 것에 멈춰 있다. 하지만 승무원이 되어 실제로 비행을 해보면 상상했던 것과 현실의 차이를 느끼게 된다. 늘 새로운 변화로만 가득할 깃 같던 일상은 생각보다 단조롭기 때문이다. 출근 시간만 다를 뿐 출근하는 과정은 같다. 그리고 손님만 다를 뿐 같은 서비스를 제공한다. 시간이 지나면서 일은 익숙해지고 더는 변화가 느껴지지 않는다. 그저 똑같은 날들이 반복된다고 생각한다. 더 높은 직급으로 승진해도 크게 달라지는 것은 없다.

입사 후 커뮤니케이션 교육을 받았을 때 있었던 일이다. 훈련 강사들의 국적을 보면 유럽이나 인도가 대부분이다. 하지만 그날 담당 교육 강사는 한국인 사무장님이었다. 세계적인 항공사에서 한국인으로서 당당하게 일하는 그 선배님이 대단하다고 느꼈다. 교육 중간에 선배님께 질문을 했다. 어떻게 승무원으로 입사해서 훈련 강사가 되었는지 말이다.

그분은 8년 동안 근무를 하며 하루도 빠지지 않고 영어 공부를 했다고 했다. 게다가 회사에서 훈련 강사가 되는 데 필요한 자격증과 경력을 다 갖춘 것이다. 끊임없는 자기 계발과 공부로 '사무장'이라는 직급뿐만 아니라 '커뮤니케이션 강사'로서 회사에서 인정받는 인재가 될 수 있었다.

어느 직업이나 마찬가지겠지만 특히 승무원은 현실에만 안주하지 않고 자기 계발을 해야 한다. 꾸준한 노력으로 자기의 강점을 살려 활동 무대를 넓혀가야 한다. 이는 내가 승무원 지망생들의 멘토가 되어서 가장 강조한 부분이기도 하다. 승무원이라는 꿈을 넘어 더 먼 곳을 바라보는 눈을 가지기 위해서다. 게다가 승무원이라는 직업을 오랫동안 유지하기는 쉽지 않다. 물론 10년 이상 비행하신 선배님들도 많다.

하지만 건강상의 문제로 빨리 그만두는 경우나, 일이 적성에 맞지 않은 사람도 생각보다 많기 때문이다. 그렇다면 승무원의 경력을 살려서 어떤 일을 할 수 있을까? 가장 크게 세 분야로 나눌 수 있다. 승무원을 하면서 앞서 예를 든 사무장님처럼 영역을 확장하는 것, 승무원 면접 및 서비스 강사가 되는 것, 어학 분야로 나가는 방법이 있다.

첫째, 사무장으로 일하며 다양한 활동을 하는 방법이 있다.

사무장의 직급은 유지하면서 신입 승무원을 뽑는 면접관으로 활동하거나 입사 훈련을 맡는 강사가 될 수도 있다. 카타르 항공에는 승무원들을 관리하는 매니저 위치에 있는 사무장들도 있었다.

단, 여기에는 회사 생활을 성실히 해야 하며 영어 실력이 좋아야 한다는 조건이 붙는다. 특히 카타르 항공은 승무원의 업무 태도와 성실함을 매우 중요하게 생각한다. 어느 기업에서든 회사에 기여도가 높은 직원에게 기회를 많이 준다는 점을 기억하자.

또한 타 항공사로 이직하는 방법도 있다. 제주항공 같은 경우 국제선 비행 5년 이상인 사람을 경력직 사무장으로 채용하기도 한다. 외국 항공사에 근무한다면 한국에서 오랫동안 체류할 수 있는 항공사로 이직할 수도 있다. 예를 들어, KLM 항공사는 한국에서 살면서 한 달에 두세 번 암스테르담으로 비행을 간다.

승무원으로 계속 일하기 위해서는 두 가지 조건이 필요하다. 자신이 하는 일에 대한 애정과 꾸준한 건강 관리가 필수다. 진심으로 일을 사랑하지 않으면 오랫동안 그 직업을 유지할 수 없다. 그리고 아무리 일에 대한 열정이 넘쳐도 건강하지 않으면 아무 소용없다. 그러니 자기 관리를 철저히 해야 한다. 건강한 몸과 마음이 가장 중요하다는 것을 잊지 말길 바란다.

두 번째, 승무원 면접 및 서비스 강사가 되는 방법이 있다.

승무원 면접 강사의 경우를 먼저 알아보자. 한국에서 승무원은 매우 인기 있는 직종이다. 많은 대학에서 항공서비스학과를 개설하고 승무원 양성 아카데미의 수도 폭발적으로 증가하고 있다. 이 흐름에 맞춰 항공사 면접 스킬을 가르치는 강사가 되는 것도 하나의 좋은 방법이다.

굳이 단점을 얘기하자면, 진입장벽이 낮아 경쟁이 치열하다는 것이다. '전직 승무원'이라는 타이틀만 달면 누구나 시작할 수 있기 때문이다. 하지만 승무원 면접 스킬이라 해도 모두가 같은 스킬을 가지고 있는 것은 아니다. 나만의 콘텐츠를 강의에 담으면 치열한 경쟁 속에서 살아남을 수 있다. 수강생들은 강사가 어떤 경험을 했는지 궁금해 한다. 그리고 그 경험이 자신들이 공감할 수 있는 것인지 파악한다. 승무원 면접 강사로 인정받기 위해서는 지망생들이 무엇을 원하고 배우고 싶은지 잘 알아야 한다.

또한 어려움을 어떻게 극복하고 지금 이 자리에 왔는지에 대해 말할 수 있어야 한다. 즉, 강사로 성공하기 위해서는 자신에 대해 철저하게 분석하는 능력이 필요하다. 그래야 학생들이 공감할 수 있고 인정해주기 때문이다.

나의 경우는 '영알못, 무스펙'이라는 출발점을 갖고 있었다. 그 부분을 내 키워드로 삼고 강의를 시작했다. 결과는 매우 만족스러웠다. 학생들은 나의 키워드에 가장 많이 공감했다. 그들은 내가 어떻게 극복하고 도전에 성공했는지에 매우 관심을 보였다. 이는 나를 철저히 분석하고 파악한 덕분이다.

서비스 강사가 되는 방법도 있다. 'CS 강사'라고도 한다. 서비스 강사는 고객 만족을 목표로 기업 직원을 대상으로 강의를 하는 것이다. 주로 동기부여나 서비스 마인드, 이미지 메이킹을 코칭한다.

CS 강사가 되려면 서비스에 대한 자신만의 정의가 있어야 한다. 그리고 그와 관련된 자격증을 취득하고 강의력을 키워야 한다. 효과적인 강의를 위해 실제 사례를 많이 알고 있어야 한다. 비행 중에 자신이 서비스를 제공해서 승객이 만족했던 경험이 있다면 그것은 훌륭한 사례가 된다. 동기나 주변 사람을 다독여 다시 일어설 수 있게 도운 적이 있다면 그것 또한 중요한 강의 재료가 된다. 늘 자신의 주변을 관찰하고 기록하라.

마지막으로 어학 분야로 커리어를 쌓는 경우를 실펴보자.

외국 항공사 승무원은 대부분 영어를 특기로 삼는다. 그래서 퇴사 후에 영어 강사가 되는 경우가 많다. 내 경우도 그랬다. 승무원 강사로 일하면서 국제영어교사 자격증인 TESOL을 취득했다. 영어회화 강사로서 커리어를 쌓고 싶었기 때문이다. 또 어떤 사람들은 통번역대학원에 진학해서 영어 통역사가 되거나 영어 MC로 활동한다. 평소에 영어 원서 읽기를 좋아하는 사람들은 번역가로 일하기도 한다.

위의 3가지 분야 말고도 다양한 방법으로 활동할 수 있다. 요즘은 정보가 넘쳐나는 시대다. 유익한 정보를 공유하는 메신저가 된 사람들이 많다. 유튜버가 되어 면접 팁을 공유한다거나 나처럼 책을 쓰는 작가가 되어 소통할 수도 있다. 자신의 경험과 능력을 어떻게 개발하고 쓸 것인지에 대한 정답은 없다고 생각한다.

승무원의 경력을 개발하는 방법은 무궁무진하다. 자신의 콘텐츠를 찾는 것이 가장 중요하다. 같은 승무원 직업군에 속해 있을지라도 각자의 콘텐츠는 다르다. 자신이 잘하는 것, 잘 아는 것, 좋아하는 것을 하나씩 떠올려보자. 그리고 강점을 살릴 수 있는 분야가 무엇인지 곰곰이 생각해봐야 한다.

자신과 맞는 분야를 찾았다면, 그 분야에서 성공한 사람들을 찾아가서 조언을 구하는 것도 좋은 방법이다. 도전이 두려워 망설여진다면 주위를 둘러보라. 꿈 없이 살아가는 직장인들이 많다. 슬픈 현실이지 않은가. 매일 반복되는 일상에서도 당신의 꿈을 가져야 한다. 승무원으로서 최선을 다하며 새로운 꿈을 꾸는 당신을 응원한다.

내 삶은
내가 디자인한다

취업에 성공해서 높은 연봉을 받으면 다들 성공한 삶이라고 얘기한다. 실제로 항공사 승무원이 되었을 때 태어나서 단 한 번도 느껴보지 못한 성취감을 느꼈다. 입사 후에는 성공한 삶을 사는 것이 틀림없다고 생각했다.

하지만 성취감은 오래가지 못했다. 내 인생의 목표가 '삶의 가치'가 아닌 '직업'을 가지는 것에만 맞춰져 있었기 때문이다. 내 삶과 꿈에 대해 진지하게 고민하기 시작했다.

한 번은 명품 '페라가모' 사장이 승객으로 탄 적이 있다. 그분과 대화를 나누다가 새로운 사실을 발견했다. 페라가모의 사장인 그도 여전히 더 나은 삶을 위해 매일 공부하고 꿈꾼다는 것이다. 그러면서 자신은 아직도 하고 싶은 것이 많다고 했다.

그의 답변이 매우 놀라웠다. '부'를 이룬 사람들은 이미 성공한 삶을 살 것으로 생각했기 때문이다. 그래서 꿈도 없을 줄 알았다. 하지만 경제적으로 성공한 사람에게도 꿈은 존재했다. 나 자신을 되돌아봤다. '승무원이라는 목표 하나를 이루었다고 내 삶이 성공한 걸까?' '과연 취업에 성공했다고 인생이 성공한 것일까?' '성공한 삶은 무엇일까?'

성공의 기준은 사람마다 다르다. 어떤 사람은 평범하게 사는 것이 성공한 삶이라 하고, 또 다른 사람은 부와 명예를 다 갖춘 삶이 성공한 것이라 한다. 정답은 없다.

하지만 나에게 있어 성공의 기준은 조금 특별했다. '내가 주인공인 삶을 사는 것'이 성공한 삶이라고 생각했다. 그래서 나는 정말 하고 싶은 것이 무엇인지 적어보기로 했다. 종이에 적은 버킷리스트는 5가지였다.

1. 승무원 지망생들의 희망이 되는 것
2. 내 이름으로 된 책 쓰기
3. 영어로 재한 외국인들을 대상으로 상담해주기
4. 모교에서 '해외 취업'이라는 주제로 강연하기
5. 영어 번역 공부하기였다.

내 인생의 주인공이 되고 싶었다. 그래서 퇴사하기 1년 전부터 본격적으로 제3의 인생을 계획했다. 버킷리스트에서도 우선순위를 정했다. 가장 먼저 이루어야 할 것은 승무원 지망생들의 꿈과 희망되기였다.

비행할 때마다 동료들을 관찰하고 분석했다. 동료마다 가진 에너지와 영향력이 다양했다. 그리고 그들의 행동이나 성격이 팀 전체에 어떤 영향을 주는지 등에 대한 나만의 의견을 노트에 적었다. 사무장 중에 가끔 면접관으로도 활동하는 분을 만났다. 그들에게 인재를 뽑는 기준에 대해 꼭 질문하곤 했다.

훗날 승무원 지망생에게 멘토로서 도움을 줄 수 있는 말들을 모조리 모아둔 것이다. 나는 작은 목표를 세우고 그것을 하루하루 이루어 나갔다. 점점 매일 성장하는 것을 느꼈다. 현직 승무원으로 일하면서 나만의 강의안을 완성했다.

"왜 그만두려고 해요? 한국에서 여기만 한 직장 찾기 힘들 텐데. 재입사하는 사람들도 얼마나 많다고요."

어느 한국인 동료가 내게 말했다. 그녀는 내가 회사를 그만두는 것을 걱정하는 듯했다. 그녀뿐만 아니라 주변에 나를 걱정하는 사람들이 참 많았다. 부모님도 친구들도 마찬가지였다. 즐거운 마음으로 제3의 인생을 준비하는 내 모습이 그들에게는 걱정거리였다. 하지만 사람들의 부정적인 메시지는 나에게 그 어떤 영향도 주지 못했다.

내가 원하는 삶은 남들이 정해놓은 성공의 기준에 따라가는 것이 아니었다. 내 마음이 원하는 것을 실천하고 그 속에서 행복함을 느끼고 싶었다. 미국의 사상가이자 시인인 랄프 왈도 에머슨Ralph Wald Emerson 1803~1882은 이렇게 말했다.

"내가 해야 할 일은 모두 내게 관계된 것이지, 다른 사람들이 내가 해야 한다고 생각하는 일이 아니다."

세상에는 나의 의무가 무엇인지 당사자인 나보다도 더 잘 안다고 생각하는 사람들이 항상 있게 마련이다. 그러나 목표가 뚜렷한 사람은 시끄러운 군중 속에서도 자신의 목소리에 집중한다.

"정아야, 나도 그만두고는 싶은데 한국에 돌아가면 뭘 해야 할지 모르겠어."

나와 거의 같은 시기에 입사한 한국인 동료 Y가 내게 말했다. Y는 아직 카타르 항공 승무원으로 재직 중이다. 그로부터 수년이 지났지만, Y의 삶에 달라진 것은 아무것도 없다. 여전히 비행하고 쉬고 비행하고 쉬고를 반복한다고 했다.

Y가 늘 그 자리에 있던 몇 년 동안 내 삶에는 많은 변화가 일어났다. 회사를 그만두고 한국으로 돌아온 후 버킷리스트 첫 번째 항목인 승무원 강사가 되었다. 그리고 전문 영어 강사가 되기 위해 TESOL 과정도 수료했다. 그 후 한 대형 어학원에서 성인을 대상으로 영어회화를 가르쳤다. 이 모든 것을 짧은 시간에 이루었다. 능동

적으로 하루하루를 보낸 결과였다. 그리고 그해에 현재의 남편을 만났다. 1년 후 결혼을 했고, 또 1년 후 엄마가 되었다.

부모가 된다는 것은 인생에서 가장 큰 숙제라는 것을 알게 되었다. 지금까지의 삶과는 전혀 다른 삶이 펼쳐졌다. 내게 더 큰 책임감이 생겼다. 힘들어도 모든 것을 감내해야 하는 상황이 많았기 때문이다. 아이가 잠을 자지 않고 밤새 울어도 엄마인 내가 달래야 했다. 아무리 수면 부족으로 인한 만성피로에 시달려도 아이를 돌봐야 했다. 육아의 현실은 그야말로 전쟁이었다.

나로 온전히 있을 수 있는 시간은 아이와 남편이 모두 잠든 후였다. 내 삶의 주인공이 될 수 있는 유일한 시간이었다. 잠이 부족해도 졸린 눈을 억지로 뜬 채 밤마다 나 자신을 위한 공부를 시작했다. 내가 가장 좋아하고 잘하는 영어 공부였다. 아이가 태어났어도 주어진 상황에서 할 수 있는 모든 것에 노력하며 시간을 보냈다.

버킷리스트의 다음 항목을 위해 다시 발을 내디뎠다. '내 이름으로 된 책 한 권 쓰기'에 도전한 것이다. 아이가 낮잠 자는 시간을 이용해서 책에 담을 글을 조금씩 써내려갔다. 저녁에 아이가 잠들고 나면 또다시 글을 썼다. 몸은 피곤하지만, 마음은 너무 행복했다. 내 꿈을 향해서 조금씩 다가가고 있기 때문이다. 나는 날마다 성장하고 있다. 아이가 커갈수록 엄마도 크고, 내 생각과 미래도 함께 커가는 중이다.

버킷리스트의 나머지 항목들을 이룬다는 생각만 해도 웃음이 난다. 버킷리스트는 나를 내 삶의 주인공으로 만들어준다. 앞으로 내가 얼마나 변하고 성장할지 기대된다.

취업준비생들은 취업이라는 명확한 목표를 이루기 위해 고군분투한다. 하지만 대부분은 취업하고 난 후에 대해서는 아무런 계획이 없다. 취업 후의 삶을 그려보지 않았기 때문이다.

취업을 준비하듯 취업 후의 삶도 디자인해야 한다고 생각한다. 취업의 문을 열고 나면 또 다른 기회의 문들이 기다리고 있다. 하지만 아무런 준비와 계획 없이는 다른 문을 열지 못한다. 그러다 보면 점점 일상에 도태되고 무료함을 느끼게 되는 것이다. 취업에 성공했다고 끝난 것이 아니다. 이제 시작일 뿐이다.

내 삶은 내가 디자인한다. 지금까지 이룬 모든 것들은 스스로 계획하고 설계한 것들이다. 가족과 지인들이 걱정 어린 시선을 보내와도 내 마음이 향하는 곳을 선택했다. 그리고 내가 선택한 길은 틀리지 않았다. 당신의 미래도 당신이 직접 머릿속으로 그려보길 바란다. 먼 훗날 그 그림 속에 주인공이 되어 있을 당신을 만나기 위해서 말이다.

주변에서 들려오는 부정적인 소음은 당신에게 아무런 영향을 주지 못한다. 당신이 정말 원하는 것이 무엇인지 알고 있다면 말이다. 지금부터 종이 위에 당신을 가슴 뛰게 하는 버킷리스트를 작성해보자. 인생의 청사진을 그려보는 연습을 해야만 인생을 디자인할 수 있다. 당신 삶의 긴축가가 되는 것이다.

당신의 꿈은 무엇인가?

살아갈 날들을 위한
공부

    승무원 지망생 멘토가 되어 학생들을 가르치다 보면 새로운 사실을 깨닫게 된다. 생각보다 많은 지원자가 자신을 부정적으로 바라보는 것이다. 그들은 자신의 경험이나 거기서 얻은 교훈을 별것 아닌 것으로 치부한다. '내가 뭐 대단하다고 날 뽑아주겠어?' 혹은 '나한테 관심을 갖기나 할까?'라고 생각한다. 그리고 긍정적인 마음을 가져야 한다며 억지로 웃음을 보이거나 갑자기 씩씩하게 돌변한다. 그런 학생들을 안타깝게 생각한다.

    나도 승무원 준비를 막 시작했을 때는 자신감이 없었다. 대학생 때 영어 공부를 하지 않은 것을 후회했다. 다른 승무원 지망생보다 나은 점이 하나도 없다고 생각했다. 스스로 나 자신을 비난하기도 했다. 하지만 그럴수록 나의 꿈이 점점 더 멀어지는 것 같았다. 도저히 나의 좋은 부분만을 바라보기는 쉽지 않았다. 긍정적으로 생각하는 것만이 답이라는 사실이 더 힘들게 느껴졌다. 나를 심판하는 마음과 좋게 바라보기만을 강요하는 마음 사이에서 매우 혼란스러웠다.

그러던 어느 날 나는 부정적인 생각과 더는 싸우지 않기로 했다. 또한 억지로 긍정적인 마음을 끌어내리고도 하지 않았다. 내가 느끼는 감정과 생각, 나 자신을 있는 그대로 느껴보기로 한 것이다. 내가 나를 인정해주기 시작했다. 내가 있는 현재 상황을 받아들이고 나니 오히려 마음이 편했다. 이런 내 모습에 감사함을 느꼈다. 그리고 하루에도 몇 번씩 이런 말을 되풀이했다. "언젠가는 내 꿈을 이룰 수 있을 거야."

마지못해 긍정적으로 생각하려고 애쓰는 지원자들에게 이런 말을 해주곤 한다.

"긍정적인 생각과 태도만이 꿈을 끌어당기는 것은 아니에요. 있는 그대로의 자신도 꿈을 이루는 데 필요한 상황들을 만들어냅니다. 그리고 여러분 본래의 모습을 얼마나 잘 이해하고 받아들이느냐가 긍정적인 결과를 만드는 데 중요한 역할을 하는 거예요."

사람은 누구나 부정적인 감정을 느낀다. 예를 들면 고통, 불안, 좌절, 두려움 등이 있다. 이런 감정을 느낀다고 해서 실패한 것도 아니다. 두려움을 받아들일 때 그 속에 숨겨진 새로운 평화를 느끼게 된다. 억지로 밝은 모습을 끌어내는 것은 진정한 자신의 감정을 외면하는 것이다. 현재 솔직하게 느끼고 있는 마음을 방치하면 오히려 더 큰 고통이 다가온다. 그러므로 자신의 감정을 외면해서는 안 된다.

오히려 있는 그대로 인정하는 연습을 해야 한다. 세상 사람들이 정해 놓은 '긍정이 무조건 좋다'라는 기준에 흔들릴 필요는 없다. 좋은 생각이든 안 좋은 생각이든 나 자신의 일부로 받아들이면 된다. 그렇게 자신을 인정할 때 긍정적인 사람이 되는 것이다.

2017년 10월에 방영된 KBS 드라마 〈고백 부부〉를 본 적이 있다. 현재의 삶에 만족하지 못하는 부부가 갑자기 과거로 돌아가는 이야기를 다룬 드라마다. 함께 드라마를 보던 남편이 내게 물었다.

"다시 과거로 돌아가고 싶어?"

나는 단 1초도 망설이지 않고 대답했다.

"아니. 돌아가고 싶지 않아. 지금이 좋아."

"지금보다 젊고 좋잖아. 근데 왜 싫어?"

나는 지금의 내가 좋다. 어린 시절 나는 착한 아이 콤플렉스를 겪었다. 부모님은 "네가 언니잖아. 언니니까 모범을 보여야지."라는 말로 내가 양보하고 바르게 자라길 바라셨다. 부모님이 안 된다는 건 하지 않았다. 행여 하지 말라는 것에 호기심이라도 생기면 그 마음을 들키기라도 할까 봐 얼른 숨겼다.

내가 부정적인 모습을 보이면 부모님으로부터 미움 받을 것 같았다. 착한 아이가 되어야만 사랑받을 수 있다고 믿었다. 그랬다. 나는 사랑받지 못할까 봐 늘 두려웠다. 마음에도 없는 행동을 하면서라도 인정받고 싶었다.

성인이 되고 나니 내 뜻대로 살고 싶은 생각이 들었다. 만나고 싶은 친구들도 마음껏 만나고 여행도 다녔다. 처음으로 내가 이루고 싶은 꿈도 가졌다. 도전하는 과정에서 실패와 극복을 반복하며 스스로 성장했다고 느꼈다.

하지만 힘겹게 꿈을 이루어 승무원이 된 후에 외로움과 무료함으로 슬럼프를 겪었다. 결국 내 밑바닥을 보게 되었다. 그 순간 내 마음속에 있는 '어린 시절의 나'를 보았다. 어린 나는 여전히 사랑받고 싶고 미움 받을까 봐 두려워하고 있었다.

이런 마음은 인간관계를 유지하는 것마저 힘들게 했다. 사람들이 나를 좋아하게 만들기 위해 그들이 원하는 대로 이끌려 다녔다. 상대방이 듣고 싶어 하는 말을 해줬다. 싫어도 싫은 티를 내지 않았다. 사람들은 내게 좋은 사람이라고 평을 내렸지만, 나 자신을 잃고 있었다. 내가 소모되는 고통을 가져다주는 관계에 매달리고 있었다.

내 삶을 주체적으로 살고 싶었다. 그러기 위해서는 내가 나를 사랑해야 했다. 내가 가진 불안한 마음을 다독여주기로 했다. 잠들기 전 혹은 아침 일찍 내 마음을 깊이 들여다보았다. 미움받을까 봐

늘 불안해하는 어린 시절의 나를 꼭 안아주었다. 나는 존재만으로도 충분히 사랑받을 수 있는 사람이라는 것을 알려주었다. 신기하게도 내면의 어린 나를 달래주자 나 자신을 조금씩 사랑할 수 있게 되었다. 그리고 사람들과의 관계에서 애씀을 멈출 수 있었다. 오히려 감정을 솔직히 표현하고 하고 싶은 대로 행동하기도 했다. 타인과의 관계를 위한 애씀을 나 자신을 돌보는 데 쓰기로 한 것이다.

내 감정을 받아들이고 표현하는 과정을 통해서 하고 싶은 일들도 찾을 수 있게 되었다. 그리고 진정한 어른이 되기 위해 한 걸음씩 내딛기로 했다. 내 꿈은 사람들에게 나의 경험을 공유하고 좋은 영향력을 주는 메신저가 되는 것이다. 얼마 전 브렌든 버처드 Brendon Burchard, 1977~의 《백만장자 메신저》를 읽었다. 그는 메신저를 이렇게 얘기한다.

"이들은 자기 생각을 나누고 다른 사람들을 도우려는 강한 열망을 갖고 있다. 자신의 메시지와 의견이 소중하다고 믿게 만드는 것은 바로 마음속 깊은 곳에 있는 이 같은 열망이다."

세상에는 이미 성공한 메신저들이 많다. 그들은 자신이 경험하고 느낀 것들 모두가 소중하다고 믿는다. 나 역시 배우고 경험한 것들은 매우 가치가 있다고 믿는다. 그것을 다른 사람들에게 나누는 것이 내가 원하는 것이고, 잘할 수 있는 일이라 생각한다.

우리는 살아갈 날들을 위한 공부가 필요하다. 당신이 경험하는 모든 것들로 인생을 풍성하게 만들기 위해서다. 만약 부정적인 일을 겪고 있다면 그 경험도 당신에게 좋은 교훈이 되어줄 것이라고 생각하자.

만약 "나는 이것도 모르고 저것도 몰라요."라고 말한다면 이렇게 생각해보면 어떨까. '나는 아무것도 몰라. 그래서 나는 지금 이곳에서 하나씩 배우고 있는 거야.'라고 말이다. 부정적인 감정이 생긴다면 무작정 안 좋은 것이라고만 생각하지 말자. 그 감정이 내게 일깨워 주는 선물이 있을 것이라고 믿으면 된다. 고통과 선물은 늘 동전의 양면처럼 한꺼번에 오기 때문이다.

또한 남을 먼저 배려하기보다는 자신을 먼저 생각하자. 누군가에게 '좋은 사람'으로 불리지 않아도 좋다. 자신을 아끼고 사랑하는 일이 가장 우선이다. 그래야만 당신의 인생을 주체적으로 살아갈 수 있다.

아무리 긴 밤도
새벽의 빛으로 끝나기 마련이다

새벽 3시. 알람이 울린다. 머리는 '일어나야 해'라고 말하고 몸은 '조금만 더'라며 실랑이를 한다. 무거운 몸을 이끌고 겨우 출근 준비를 한다. 새벽 5시. 또각또각 구두 소리를 내며 숙소 앞으로 나간다. 회사 버스가 나를 기다리고 있다. 아직 해가 뜨기도 전이다.

40분 후 카타르 국제공항 옆에 있는 건물에 도착한다. 그곳은 승무원들이 비행 전 브리핑을 하는 곳이다. 처음 보는 동료들과 인사를 하고 브리핑을 시작한다. 비행기에 탑승한 후 늘 그렇듯 안전 및 보안 체크를 한다. 탑승이 시작된다. "Welcome on board!"

사람들은 보통 승무원이 새로운 것을 경험하는 직업이라고 생각한다. 실제로 승무원은 매번 다른 동료들과 일한다. 그리고 처음 보는 손님을 만난다. 비행할 때마다 다른 기종의 비행기를 탄다. 출근하는 시간도 매번 다르다.

하지만 승무원의 기본적인 업무는 같다. 함께 일하는 동료는 다르지만, 하는 일은 같다. 다른 손님을 만나지만, 제공하는 서비스는 늘 같다. 비행마다 다른 곳으로 여행하지만, 도착해서 하는 일은 다 비슷하다. 결국엔 승무원이라는 직업도 같은 일을 반복하고 또 반복하는 일이다. 그러다 보면 하루하루가 쳇바퀴 굴러가는 것처럼 지루하고 무료해질 때가 온다.

어느 일이나 마찬가지나. 누구에게나 반복되는 일상은 있다. 경제적으로 큰 성공을 이룬 사람도, 하고 싶었던 일을 하는 사람도, 행복한 가정을 책임지는 부모에게도 늘 반복되는 삶이 있다. 힘든 일상에 지쳐 미래도, 삶의 목표도 없이 살아가는 사람도 있다. 그들은 "내가 도대체 왜 사는 걸까?"라고 얘기하곤 한다. 언제까지 이 힘든 일상이 반복될 것인지 알지 못한다는 것은 좌절감을 느끼게 한다.

오스트리아 출신 심리학자 빅터 프랭클Viktor Frankl, 1905~1997은《죽음의 수용소에서》언제 석방되는지 모른 채 하루하루를 살아가는 죄수들의 심리를 잘 보여주었다.

저자의 말에 따르면, 수용소에 있었던 사람들은 자신이 얼마나 오랫동안 수용소 생활을 해야 하는지를 알지 못하는 것이 가장 절망적이었다고 한다. 그는 이런 삶을 '끝을 알 수 없는 일시적인 삶'이라고 말한다. 자신의 일시적인 삶이 언제 끝날지 알 수 없다는 것은 미래를 포기하게 만든다. 즉, 인생의 목표를 세울 수 없게 만든다는 것이다.

취업 준비를 오랫동안 하는 사람이 이와 비슷하다고 생각한다. 취업에 언제 성공할지 모르는 현실은 일시적인 삶을 사는 것과 같다. 그래서 미래를 계획할 수도 없고 '취업' 외에는 다른 목표를 가질 수도 없다. 실제로 내가 가르친 학생 중 한 명은 오랜 취업 준비에 매우 지쳐 있었다. 그 학생은 자신의 삶이 날아간 것만 같다고 얘기했다.

끝을 알 수 없는 막막한 취업 준비. 나에게도 그런 시절이 있었다. 꿈에서조차 취업하는 모습이 자주 보였다. 길을 가다 하늘을 바라보며 제발 합격하게 해달라며 빌었던 적도 있다. 1000일이라는 시간은 결코 짧은 시간이 아니었다. 내게는 1000일이 아니라 1000년과 같은 시간이었다. 그 오랜 시간 동안 좌절도 많이 했다. 내 삶에는 미래가 없다고 생각했다.

하지만 실제로는 그렇지 않았다. 끝이 보이지 않는 취업 준비에도 '끝'은 존재했다. 승무원 준비를 시작한 지 2년 정도가 지났을 때였다. 거의 매일 밤 멍청히 앉아서 해탈한 사람처럼 있었다. 불투명한 미래를 두려워하면서도 그와 관련된 문제들을 끊임없이 떠올렸다.

'언제까지 이렇게 지내야 할까? 올해 안으로 달라지는 게 있을

까? 달라지지 않으면 어떻게 해야 할까? 끝이 있기나 한 걸까?'

어느 날 이런 생각을 하게 되는 상황이 너무 견디기 힘들었다. 부정적인 생각이 꼬리에 꼬리를 물고 이어졌다. 그래서 생각을 다르게 해보기로 했다. 조명이 환한 비행기 안에서 다양한 국적의 사람들과 함께하는 내 모습을 떠올렸다.

그리고 많은 사람이 비행기 좌석에 앉아서 내게 말을 걸었다. 꿈을 이룬 '나'의 삼성을 그대로 느껴보았다. 뿌듯함, 성취감, 당당함, 감사함. 그 순간 내가 처한 상황에서 느꼈던 고통에서 어느 정도 벗어날 수 있었다. 그리고 지루한 '취업' 싸움을 묵묵히 이어나갔다. 그 싸움의 끝에 비로소 '합격'이라는 글자를 얻게 되었다.

늘 비행 출발 예정시각 5시간 전부터 출근 준비를 했다. 그리고 약 10시간을 하늘 위에서 일했다. 가끔 비행기에서 손님들이 자고 있을 때면 창밖을 멍하니 바라보았다. '언제쯤이면 목적지에 도착하려나.' '언제쯤이면 몸이 고되지 않게 일할 수 있을까.'

이런 생각들을 떠올리곤 했다. 비행기가 착륙하면 또 일을 시작했다. 승객이 내린 후 모든 안전 및 보안 체크를 해야 되기 때문이다. 모든 업무를 마치고 숙소에 도착하면 일어난 지 꼬박 17시간이 지나 있었다. 반나절 이상 일을 한 것이나 마찬가지였다. 일은 익숙해진 지 오래되었어도 몸은 늘 고되었다.

비행하다 보면 '헉' 소리가 나올 정도로 몸이 힘들 때가 있었다.

그럴 때면 이 비행이 절대로 끝나지 않을 것만 같았다. 마음이 맞지 않는 동료와 일할 때는 더욱더 곤욕스러웠다. 뭐 하나 제대로 손발이 안 맞는 비행은 마치 시간이 멈춰 있는 것만 같았다.

　하지만 신기하게도 모든 힘든 순간은 다 지나간다는 것이다. 승무원이라는 꿈 하나로 버티던 준비생 시절도 지금은 내게 좋은 추억과 잊지 못할 경험이 되었다. 그리고 승무원으로서 외롭고 힘들던 순간들이 지금의 나를 있게 해주었다. 하루는 내 물건을 정리하다가 카타르 항공 재직 시절 썼던 다이어리를 발견했다.

　　카타르 시각으로 새벽 2시. 비행기 안. 목적지에 도착하려면 아직 3시간이나 남았다. 손님들은 대부분 잠들었고 동료들은 조용히 휴식을 취하고 있다. 나는 점프싯승무원이 앉는 자리에 앉아 창밖을 바라본다. 캄캄한 밤하늘 위에 고요히 떠 있는 비행기는 아무도 없는 어두운 곳에서 혼자 불을 밝히고 있다. 목적지를 향해 쉬지 않고 날아간다. 그리고 문득 이런 생각이 든다. 나는 어디를 향해 달려가고 있는 걸까? 내 인생이 이 밤하늘과 같다면 나는 지금 어디쯤에서 날고 있을까? 이 칠흑 같은 현실의 끝은 어디일까?

　　-2013년 12월 31일 일기 중에서

살다 보면 누구나 캄캄한 터널에 혼자 남겨진 것 같은 기분이 들 때가 있다. 마치 이 세상에는 어두운 밤만 존재하는 것처럼. 하지만 아무리 긴 밤도 새벽의 빛으로 끝나기 마련이다. 그리고 끝이 보이지 않는 두려운 순간들도 당신의 의지로 충분히 이겨낼 수 있다.

니체Friedrich Wilhelm Nietzsche는 "'왜' 살아야 하는지 아는 사람은 그 '어떤' 상황도 견딜 수 있다."라고 말했다. 살아야 하는 이유와 목표가 있으면 그 이떤 시련도 극복할 수 있다는 말이다. 당신이 가진 꿈을 무기로 이 세상의 모든 고통과 시련을 맞서야 한다. 고통의 순간이 오면 당신이 이루고자 하는 꿈을 생생하게 떠올려보라. 그리고 그 감정을 자세하게 묘사하고 느끼면 된다. 어느새 불안과 두려움이 저 멀리 있는 것을 알 수 있을 것이다.

모든 힘든 순간은 다 지나간다. 어려운 시간들을 잘 버팀으로써 또 다른 인생이 우리 곁으로 다가온다. 지금 이 순간, 힘든 시간을 보내고 있을 당신에게 이런 말을 해주고 싶다. 나도 이렇게 잘 이겨왔으니 당신도 분명히 잘 헤쳐 나갈 수 있다고.

부록

승무원 영어 면접
이것만 알고 가자!

승무원 영어 면접 형태의 종류

그룹 면접Group Interview

항공사 면접 중 보통 1차, 2차 전형에서 많이 진행된다. 한 그룹당 지원자 4~10명씩 들어가며, 서서 또는 앉아서 면접을 본다. 면접관이 지원자의 이력서를 보고 공통 질문을 한다. 이때 이미지 체크와 태도, 영어 실력을 함께 평가한다. 한 그룹에 한 개 혹은 두 개의 질문을 한다. 어렵고 까다로운 질문보다는 기본적인 질문을 하는 경우가 많다.

[Tip]......................................

첫인상과 태도를 보는 자리다. 면접이 긴장되는 자리지만 최대한 차분하고 밝은 표정으로 영어로 대답할 수 있어야 한다. 간혹 지원자에게 꼬리 질문을 하는 경우도 있으므로 본인의 이력서를 꼼꼼히게 분석할 필요가 있다.

1:1 면접One-on-One Interview

대부분 외항사에서 진행하고 있는 면접 전형으로 지원자에 대해 자세히 파악할 수 있는 방법이다. 보통 최종 면접에서 1:1 면접을 많이 시행하시만 모든 항공사가 그런 것은 아니다. 홍콩 느래곤 항공은 1차 면접을 1:1로 진행한 적이 있다. 카타르 항공은 최종 면접에 면접관이 2명, 지원자가 1명으로 이루어진 적도 있다. 지원자의 이력서를 토대로 질문하며 질문의 난이도는 다양하다. 처음에는 간단한 질문으로 시작하고 면접 중반부터는 지원자의 성향과 인성을 파악하기 위해 심층 질문을 많이 하는 편이다. 항공사마다 다르지만 보통 1:1 면접 진행 시간은 짧게는 10분에서 길게는 1시간 정도 소요된다.

[Tip]................................

본인의 이력서 위주로 예상 질문을 만들어보는 것을 추천한다. 나의 답변에 대해 어떤 꼬리 질문이 나올 수 있는지도 미리 생각해두면 좋다. 내가 면접관의 입장이라면 어떤 질문을 하고 싶을지 생각해보는 것도 좋은 방법이다. 면접관과 1:1로 대화를 나누는 자리인 만큼 기본적인 매너와 예의를 지켜야 한다. 사소한 행동 하나, 말 한 마디에도 자신의 강점과 인성을 어필할 수 있도록 한다.

그룹 토론 면접 Group discussion

정해진 시간에 5~20명(상황에 따라 바뀜)의 지원자가 한 주제로 토론하는 방식이다. 면접관이 지원자를 다양한 각도에서 평가할 수 있는 전형으로 지원자들의 성향, 성격, 행동 등을 예측한다. 그룹 내에서 Leader리더, Time checker시간 체크 담당, Writer서기를 정하라고 지시를 주거나 면접관이 지정하는 경우도 있다. 토론 면접을 시행하는 항공사는 카타르 항공, 에미레이트 항공, 싱가포르 항공, 마카오 항공, 캐세이퍼시픽 항공, ANA 등이 있다.

[Tip]....................................

토론에 대한 해결책이나 결론이 반드시 정답일 필요는 없다. 단 논리적으로 자신의 주장을 펼칠 수 있어야 한다. 타당한 근거와 예시가 함께 제시되면 좋다. 자신의 의견을 내세우는 능력뿐만 아니라 경청하는 자세도 중요하다. 다른 지원자가 하는 얘기에 귀를 기울여 듣고 있는지 평가하기 위해 면접관이 토론 내용을 질문하기도 한다. 승무원은 팀으로 일하는 직업이다. 지원자가 사람들과 어떻게 조화를 이루고 팀에서 어떤 역할을 하는지 보기 위해 토론 면접을 진행하는 것임을 알면 조금 더 전략적으로 준비할 수 있다.

기사 요점 정리|Article summarization

면접관이 제시하는 영어 신문기사나 잡지, 항공사 매거진 등을 약 1분가량 소리 내어 읽는다. 그 자리에서 바로 요약해서 말한다. 이 전형은 지원자의 영어 수준을 평가하기 위해서 시행된다.

[Tip]..................................

기사를 읽는 동안 지원자의 표정과 자세도 체크하므로 종이로 얼굴을 가리지 않도록 해야 한다. 목소리 톤, 말의 속도, 정확한 발음에 신경 써서 읽는다. 모르는 단어가 있거나 실수를 하더라도 당황하지 않고 "Excuse me"라고 말하며 양해를 구한다. 그리고 틀린 부분부터 다시 차분하게 읽어 내려가면 된다.

에세이 전형|Essay

주어진 시간 안에 정해진 주제에 대해 논리적으로 글을 쓰는 전형이다. 분량은 A4용지 한 페이지 정도이며, 주제는 매우 다양하게 출제된다.

글이 서론, 본론, 결론의 구조로 잘 짜여 있어야 한다. 문법적인 오류가 없으면 좋으나 그렇지 않는다고 해서 떨어지지 않는다. 논리정연하게 결론을 도출하는 글을 쓴다면 어휘 실수나 문법 실수는 크게 문제되지 않는다. 평소에 다양한 주제로 글을 써보는 연습을 해보기를 바란다.

사진 묘사 Picture description

주어진 그림을 그대로 묘사하는 방식이다. 면접관이 지원자의 영어 실력, 순발력을 객관적으로 평가하기 좋다. 캐세이 퍼시픽 항공과 에미레이트 항공 면접에서 시행한 적이 있다.

"Please describe this picture."나 "Tell me about this picture base on what you are seeing."이라고 질문을 받으면 그림이 보여주는 사실 그대로를 말하면 된다. 그림에 가장 먼저 보이는 것을 자세히 설명해주고 주변의 사물이나 사람을 간략히 묘사하는 방법을 추천한다.

간혹 면접관이 "Please make a story with this picture."라고 지시할 때가 있다. 이때는 그림을 '설명하기'가 아닌 그림으로 '이야기를 만들기'가 되어야 한다. 그림이 전해주는 이야기와 지원자의 생각이 담겨 있어야 한디. '그림 묘사'와 '이야기 전달'은 엄연히 다르다. 이 점을 유의하자.

스몰 토크 Small Talk

암리치를 체크할 때 면접관과 간단한 대화를 하게 된다. 이를 스몰 토크라 한다. 이때 면접관은 승객의 입장으로 지원자의 태도, 느낌, 첫인상을 파악한다. 또한 짧은 대화를 나눔으로써 지원자가 영어로 자연스러운 대화가 가능한지 체크한다. 심오한 질문 대신 가벼운 인사 정도 나눈다고 생각하면 된다.

[Tip]......................................

면접관의 질문에 대답은 길지 않고 깔끔하게 한다. 두세 문장이 적당하다. 강조해야 할 부분은 확실하게 강조를 해준다. 한국 이름에 익숙하지 않은 면접관을 배려하여 자신의 이름을 얘기할 때 또박또박 천천히 발음해주는 것을 추천한다.

유용한
면접 영어 표현

✈

Small talk/Casual talk 일상적인 대화

① How are you today? (오늘 기분이 어때요?)

I am good. Thank you for asking.

How about you, ma'am/sir?

저는 매우 좋습니다. 물어봐주셔서 감사합니다.

면접관님께서는 오늘 기분이 어떠십니까?

Perfect. How about you?

완벽합니다. 면접관님께서는 어떠십니까?

② May I ask your name? / Can I get your name?

(이름이 어떻게 되나요?)

I am Jung Ah JANG. You can call me 'Jay.'

It is my English name.

제 이름은 장정이입니다. 'Jay'라고 불리주세요.

'Jay'는 제 영어 이름입니다.

③ How old are you? (나이가 어떻게 되나요?)

I am twenty-four years old.

저는 스물네 살입니다.

I've turned thirty years old yesterday.

저는 어제 이후로 서른 살이 되었습니다.

④ How did you get here? (면접장까지 어떻게 오셨나요?)

I got a taxi to get here. It was really fast.

저는 택시를 타고 왔습니다. 정말 빨리 오더군요.

I took a bus/subway and it took about one hour.

저는 버스/지하철을 타고 왔습니다. 한 시간 정도 걸렸습니다.

⑤ What are you going to do after this interview?

(면접 후에 무엇을 할 계획입니까?)

First, I will have lunch with my parents and then I will
meet my friends for a movie.

먼저 저는 부모님과 함께 점심을 먹을 것입니다. 그런 다음 친구들과 영화를 보기 위해 만날 것입니다.

I will make a phone call to my parents to tell them I did my best today. Then I will meet my friends to go shopping.

저는 부모님께 전화를 드려서 최선을 다해서 면접을 보았다고 말씀드릴 것입니다. 그런 다음 친구들을 만나서 쇼핑을 할 예정입니다.

⑥ I like your jacket/dress. (옷이 예쁘네요.)

Thank you. I chose this dress for today. Today is so special and I wanted to look great.

고맙습니다. 오늘을 위해 신중히 고른 옷입니다. 오늘은 저에게 매우 중요한 날이어서 제게 잘 어울리는 옷을 입었습니다.

Thank you. This color is my favorite color. It looks good on me and it makes me look bright.

고맙습니다. 이 색은 제가 가장 좋아하는 색입니다. 제게 잘 어울리며 화사하게 만들어줍니다.

그룹 토론할 때 유용한 표현들

① 시작할 때

Good morning everyone.

I am glad to be here with all of you.

좋은 아침이에요.

저는 이 자리에 여러분과 함께하게 되어 정말 기쁩니다.

What an interesting topic that is.

We are going to discuss about~

흥미로운 주제네요. 오늘 우리는 ~에 대하여 토론을 할 거예요.

Shall we start?/Shall we begin our discussion?

여러분, 그럼 시작할까요?

Do you mind if I go first?

제가 먼저 말해도 되겠습니까?

② 의견을 제시할 때

In my opinion, 제가 알기로는,

I have an idea. 저에게 아이디어가 있습니다.

Let me share my idea with you.

제 생각을 여러분과 함께 공유해볼게요.

From my experience, 제 경험으로는,

Many people believe that~ 많은 사람은 ~라고 말합니다.

③ 상대방의 의견에 동의할 때

I think you are right. 당신 말이 옳아요.

Oh, that's true! 네, 맞아요!

That is a good idea! 정말 좋은 아이디어군요!

I agree with your idea. 저는 당신의 의견에 동의합니다.

That sounds great! 그거 좋은 생각이네요!

④ 상대방의 의견에 내 의견을 덧붙일 때

Let me add to that 덧붙여 말하자면

As you said 말씀하신 것처럼

Now, as you can see 지금 보시다시피

⑤ 의견을 물어볼 때

Why don't we~? 여러분 ~하는 게 어떨까요?

How about~? ~는 어때요?

Let's~ ~합시다

Shall we~? 여러분 우리~할까요?

⑥ 시간이 얼마 남지 않았을 때

I am afraid that we have 5 minutes left. Why don't we
arrange our opinions?

아쉽지만 5분밖에 남지 않았어요. 우리 이제 아이디어를
정리해보는 것은 어떨까요?

I am sorry to disturb you, but I think it is time for us to
arrange our ideas.

방해해서 죄송합니다만, 이제 의견을 정리할 때인 것 같아요.

We should move on.

다음 단계로 넘어갑시다.

⑦ 상대방의 말을 듣지 못했을 때

Would you say it again, please?

다시 한 번 말씀해주시겠습니까?

Can I ask you to repeat it again?

다시 한 번 말씀해주시겠습니까?

Sorry?/Pardon me?

뭐라고 하셨죠?

I couldn't hear you well.

잘 듣지 못했습니다.

Sorry. I don't understand.

미안해요. 제가 이해 못했어요.

Shall we make a conclusion?

그럼 이제 결론을 지어볼까요?

It was really good to discuss with you today.

Thank you for sharing your great ideas.

오늘 여러분과 함께 토론하게 되어 너무 좋았습니다.

좋은 아이디어를 내어주셔서 감사합니다.

It was great talking to you all and I hope to see you again.

Good luck to all of us.

여러분과 함께 얘기 나눌 수 있어서 좋았습니다.

또 뵙기를 바랍니다. 모두 행운을 빕니다.

성격을 나타내는 형용사

형용사	의미	형용사	의미
Active	활발한	Independent	독립심이 강한
Adaptable	적응력이 강한	Intelligent	똑똑한
Ambitious	의욕이 강한	Open-minded	포용력이 있는
Bright	밝은	Optimistic	낙천적인
Careful	신중한	Organized	체계적인
Cheerful	명랑한	Outgoing	외향적인
Co-operative	협동심이 강한	Passionate	열정적인
Confident	자신감이 있는	Patient	끈기 있는
Considerate	이해심이 많은	Polite	친절한
Creative	창조적인	Positive	긍정적인
Dedicated	헌신적인	Punctual	시간을 잘 지킴
Diligent	부지런한	Reliable	믿음직한
Easygoing	무난한	Responsible	책임감 있는
Energetic	열정적인	Sincere	성실한
Flexible	융통성이 있는	Sweet	상냥한
Funny	재미있는	Talented	재능 있는
Generous	관대한	Thoughtful	사려 깊은
Hardworking	부지런한	Upright	청렴한
Humorous	유머러스한	Warm-hearted	따뜻한
Honest	정직한	Wise	현명한

해외 항공사
면접 기출 질문

Small talk

1. How are you feeling today?

2. Where do you live?

3. How old are you?

4. How did you get here?

5. What does your name mean?

6. Have we met before?

7. What do you do?

8. Have you applied for our airline before?

9. Have you fixed your hair by yourself?

10. Have you put on your makeup by yourself?

11. I like your jacket.

12. What is your hobby?

13. What are you going to do after this interview?

14. What is your favorite color?

15. What do you think of the weather today?

개별 질문

1. How would you describe yourself?

2. Tell me about your major

3. How do you usually spend your free time?

4. How do you keep yourself in good physical condition?

5. How do you release your stress?

6. What do you do?

7. What is your own definition of service?

8. What is your own definition of team work?

9. Tell me about your overseas experience.

10. What did you learn from that experience?

11. How did you study English?

12. What is your strong point/weak point?

13. Why do you want to be a flight attendant?

14. Why do you want to work for our airline?

15. What did you prepare for this interview?

16. What do you know about cabin crew's duty?

17. What do you think are the good points of becoming cabin crew?

18. What do you think are the difficulties of becoming cabin crew?

19. What do you expect from our company?

20. What do you know about our airline?

21. What is your impression of this company?

22. What do you know about our country?

23. Have you ever been to our country before?

24. What is your impression of our country?

25. How will you manage your life in Qatar/Dubai/Hong kong/Singapore...?

26. What do you want to do if you become a flight attendant?

27. Where do you want to fly first after you become a flight attendant?

28. How would you mingle with other colleagues?

29. What is your long term goal?

30. Can you speak any other language besides English?

일 경험 관련 질문

1. Do you have any work experience?

2. What was your duty?

3. What did you learn from that work experience?

4. What was the most difficult thing in your work experience?

5. Tell me about the most memorable customer.

6. Have you ever made someone upset?

7. Have you ever made any mistakes?

8. Have you had a disagreement with your co-worker/ boss/customer?

9. Have you ever got bad/good feedback from co-worker/boss/customer?

10. Have you ever suggested any good ideas?

11. Tell me about your company's rules.

12. Have you ever broken a regulation of your company?

13. Have you made a wrong decision at work?

14. Have you had any situations when you felt stressed at

work?

15. Have you had a situation that you didn't like and didn't want to experience it again?

16. Have you offered a special service to your customers?

17. What did you like about working in service field.

18. Have you ever said 'No' to your customer/co-worker/ boss?

19. Are you a follower or leader?

20. Do you like to work as a team or by yourself?

21. Have you ever been upset at work?

22. Have you ever acted firmly to your customers? When and why?

23. Have you ever handled an angry customer?

24. How would you deal with an angry customer?

25. How will you work with your co-workers in our company?

26. What kind of co-workers don't you want to work with?

27. Have you ever worked with someone who has a different working style from you?

알아두면 좋은
승무원 면접 항공 용어

· Accompanied child~minor~ : 12세 미만 아이, 미성년자 승객

· Arm reach : 양팔을 쭉 뻗어 정해진 높이에 닿는지 확인하는 면접 전형으로 항공사마다 높이 기준이 다르다.

· Aircraft : 항공기

· Assessment : 항공사 홈페이지에 면접 접수한 후 항공사로 부터 면접 초대장~invitation~을 받은 경우를 말한다. 지원자는 면접 일자를 확인한 후 원하는 날짜에 맞춰 면접을 보러 가면 된다.

· Arm rest : 비행기 좌석에 있는 팔걸이

· Baggage allowance : 수화물 중량 제한

· Bassinet : 갓난아기를 재우기 위한 작은 침대

· Behind schedule : 예정된 시간보다 지연된

· Bound for : ~로 향하다

· Book, Booking : 예약하다

· Cabin : 객실

· Cabin crew : 객실 승무원

· Carry-on baggage : 기내 휴대품

· Connecting flight : 연결 편 항공

· CV drop : 영문 이력서를 면접관에게 직접 전해주고 간단한 대화를 나누는 면접 형식

· Depart : 출발하다

· Discussion : 토론

· Direct flight : 직항 편

· Domestic flight : 국내선

· Double booking : 이중 예약

· Emergency landing : 비상착륙

· Exchange rate : 환율

· Extra flight : 특별 편 항공기

· Extra weight : 초과 중량

· Eye mask : 눈가리개

· Fasten seat belt : 좌석벨트를 메다

· Flight attendant : 승무원

· Flight number : 비행기 편명

· Flight time : 비행시간

· Frequency : 비행 운항 빈도

· Full : 만석

· Galley : 비행기 안의 취사실

· Get on, Get off : 탑승하다, 내리다

· Grooming : 몸단장 면접 시에는 복장, 헤어, 메이크업에 신경 써야 한다.

· Ground staff : 지상 근무 직원

· Group discussion : 그룹 토의

· High season : 성수기

· Hijack : 비행기 납치

· Hospitality : 환대

· Identification card : 신분증

· Immigration : 이민, 입국심사

· Inflight : 기내의

· Instructor : 강사, 지도 교사

· Itinerary : 일정표

· Jet-lag : 시차 부적응

· Jug : 물 주전자

· Jump seat : 승무원이 앉는 자리

· Junior crew : 신입 승무원

· Kit : 한 세트, 박스

· Landing : 착륙

· Layover : 체류하다

· Life boat : 구명보트

· Life jacket : 구명조끼

· Local time : 현지시각

· Luggage : 화물

· Maintenance : 항공기 정비

· Meal service : 식사 서비스

· Mock-up : 실물 크기의 항공기 모형

· National carrier : 국적기

· Nationality : 국적

· New stand : 신문대

· No show : 예약 손님이 나타나지 않은 경우

· No smoking sign : 금연 등

· Normal fare : 정상요금

· Occupied : 사용 중 기내화장실

· On board : 탑승한

· On business : 사업차

· On time : 정시에

· Open-day : 누구든 참여할 수 있는 면접_{항공사 홈페이지, 면접 일정 명시}

· Quarantine : 검역

· Passenger : 승객

· Passport : 여권

· Peak season : 성수기

· Period of stay : 체류 기간

· Personal belongings : 개인 소지품

· Port of arrival : 출발지

· Port of departure : 도착지

· Prohibited items : 반입금지품

· Purser : 사무장

· Put out : (담뱃불) 끄다

· Ramp : 연결 통로

· Reading light : 독서 등

· Reclining button : 등받이 버튼

· Reconfirm : 재확인하다

· Residents : 거주자

· Rest room : 화장실

· Roster : 비행 스케줄

· Role play : 역할극_{토론 면접에서 면접관이 실제 상황을 주고 지원자들은 역할극을 한다.}

· Safety : 안전

· Seat assignment : 좌석 배정

· Seat belt : 좌석벨트

· Seat number : 좌석번호

· Security check : 보안 검사

· Swap : 비행 스케줄 교환

· Takeoff : 착륙

· Taxing : 지면을 활주하는

· Temperature : 온도

· Terminal building : 공항 청사

· Ticketing : 발권 업무

· Time difference : 시차

· Time table : 운항 시각표

· Traffic : 운송, 교통

· Transfer : 갈아타다

· Trainee : 수습 승무원

· Upgrade : 상위 클래스로 탑승하는 것

· Urgent : 긴급한

· Vacant : 기내 화장실이 비어 있는

· Valid : 유효한

· Valuables : 귀중품

· Ventilation : 통풍

· Waiting list : 대기자 명단

· Waiting room : 대기실

· Weather condition : 날씨 상태

· Welcome aboard : 탑승을 환영합니다

· Window seat : 창문

항공사 별
지원 자격 및 절차

중동항공사

중동항공사는 빠른 성장과 함께 노선 확장에 주력하고 있다. 걸프반도 국가는 자국민의 인구가 적기 때문에 전 세계에서 승무원을 채용한다. 한국인 승무원은 한국뿐만 아니라 해당 항공사의 모든 노선에 탑승한다. 그리고 다양한 국적의 승무원들과 일을 하므로 문화포용력과 언어 능력을 잘 갖춘 지원자를 선호한다. 이 점을 면접관에게 어필하는 것이 중요하다.

카타르 항공Qatar Airways

ⓐ **소개** : 1993년에 설립된 카타르의 국적 항공사이다. 카타르 수도인 도하Doha가 베이스이며, 하마드국제공항Hamad International Airport을 허브로 하여 전 세계로 운항하고 있다. 가장 최신 기종의 항공

기를 보유한 항공사로, 전 세계 150개 이상의 도시에 취항한다. 세계적인 항공평가 진문기관 스카이트랙스에서 올해의 항공사 1위로 여러 번 선정되었다.

ⓑ **자격 요건 :** 고졸 이상, 암리치 212cm 이상, 20세 이상, 카타르 도하에서 근무 가능한 자

ⓒ **채용 절차 :** CV drop 및 small talk ⋯▸ 영어 시험, 에세이 작성 ⋯▸ 암리치, small talk, 흉터 체크 ⋯▸ 1분 스피치 ⋯▸ 그룹 디스커션 ⋯▸ 최종 면접

ⓓ **채용 시기 :** 정해진 채용 시기는 없으나 한국인 승무원이 필요할 경우 주로 대거 채용한다. 2011년과 2012년에는 2~3개월에 한 번꼴로 채용이 진행되었다. 하지만 그 뒤로 약 4년 동안 한국인 채용을 하지 않았다. 이는 카타르 항공에 충분한 수의 한국인 승무원이 근무하고 있었기 때문이다. 즉, 승무원이 국적별로 필요할 때마다 해당 국가에서 채용을 진행한다.

ⓔ **면접 특이사항 :** 카타르 항공은 피부를 매우 중요하게 생각한다. 따라서 면접관이 지원자에게 흉터가 있냐고 물어보는 경우가 많다. 이때 있으면 있다고 솔직하게 얘기해야 한다. 지원자가 몸에 흉터가 있다고 해서 그 이유만으로 떨어지지는 않는다. 다만, 흉터가 없다고 거짓말했다가 입사 후 메디컬 체크 때 발견되면 불이익을 당할 수 있다. 신뢰와 관련된 부분이니 유의해야 한다. 카타르

항공은 승무원의 음주와 흡연에 대해 매우 부정적으로 생각한다. 면접자는 '음주'나 '흡연'과는 거리가 멀다는 것을 어필해야 한다.

에미레이트 항공 Emirates Airline

ⓐ **소개** : 에미레이트 항공은 1985년에 설립되었다. 두바이 Dubai가 베이스이며 두바이 국제공항 Dubai International Airport이 허브이다. 지속해서 신규 노선을 확대하여 전 세계에 80여 개국 150개 이상의 취항지로 운항하고 있다. 중동항공사 중에서 한국에 가장 먼저 취항한 곳이다. 2005년 5월부터 한국 취항을 시작해 대한항공과 공동 운항하고 있다.

ⓑ **자격 요건** : 고졸 이상, 암리치 212cm 이상, 신장 160cm 이상, 20세 이상, 서비스직 경력 1년 이상

ⓒ **채용 절차** : CV drop 및 small talk ⋯➤ 1차 그룹 면접 ⋯➤ 신장 및 암리치 측정 ⋯➤ 인성 및 적성 검사 온라인 ⋯➤ 최종 면접

ⓓ **채용 시기** : 한국인 국적의 승무원이 필요할 경우 채용을 실시한다. 2008년 한 해에만 여섯 번이나 한국에서 채용이 있었다. 하지만 그 뒤로는 몇 년에 한 번씩 있을 정도다. 이러한 이유로 많은 한국인 지원자가 해외 오픈 데이를 통해서도 합격하기 때문이다.

ⓔ **면접 특이사항** : 에미레이트 항공은 면접 방식이 자주 바뀌는 편이다. 매번 홈페이지를 통해 면접 절차가 어떻게 바뀌었는지 확

인할 필요가 있다. 최근에는 최종 면접을 비디오 면접으로 진행한 적도 있다. 또한 에미레이트 항공은 패널티 제도를 시행한다. 면접에서 떨어지면 일정 기간 동안 그 지원자에게 면접 볼 자격을 주지 않는 제도이다. CV drop에서 탈락할 경우 6개월 동안 면접을 볼 수 없다. 최종 면접에서 떨어지면 1년이라는 기간의 패널티가 주어진다. 이는 지원자가 스스로 면접에서 떨어진 이유를 깨닫고 부족한 점을 개선해 오라는 뜻에서 실시하는 것이다.

에티하드 항공Etihad Airways

ⓐ **소개** : 에티하드 항공은 2003년에 설립되었다. 아부다비Abudhabi가 베이스이며, 허브공항은 아부다비 국제공항Abudhabi International Airport이다. 세계에서 가장 빠르게 성장하는 항공사로 항공 전문 평가기관인 'Sky trax'에서 일등석 서비스 부분 1등을 수상했다.

ⓑ **자격 요건** : 고졸 이상, 나이 제한 없음, 암리치 212cm 이상

ⓒ **채용 절차** : 홈페이지를 통한 지원 ⋯⋙ 합격자에게 Invitation 발송 ⋯⋙ 홈페이지에 공지된 면접 날짜에 맞춰 참석 ⋯⋙ CV drop ⋯⋙ Random Question ⋯⋙ 영어 시험 ⋯⋙ 그룹 디스커션 ⋯⋙ 최종 면접

ⓓ **채용 시기** : 정해진 채용 시기는 없다. 홈페이지를 통해서 면접 신청을 받고 있다. 지원자가 정해진 면접 날짜에 맞춰 해당 장소에 면접을 보러 가야 한다.

ⓔ **면접 특이사항**: 서비스 경력을 중요하게 생각하므로 다양한 일을 해봤던 경험 있는 지원자를 선호한다. 홈페이지를 통해서 서류를 신청하면 지원자 메일로 면접 초대장invitation을 발송한다. 사이트에 공지된 면접 일정을 확인한 후 자신이 편한 날짜와 장소를 선택해서 면접을 볼 수 있다. 단 6개월 이내에 진행해야 한다.

유럽 항공사

한국에 취항하는 유럽 항공사들은 한국인 승무원들이 오랫동안 근무하기 좋은 조건을 가지고 있어 지망생들 사이에서 매우 인기 높은 항공사이다. 한국인 승무원은 주로 제한된 노선에만 탑승한다. 면접관은 지원자의 외모와 나이보다 능숙한 영어 실력과 서비스 경력을 갖추었는가를 중요하게 생각한다. 지원 서류에 공인 영어 점수를 기재해야 하는 경우가 많으므로 이 부분에 대해서는 미리 준비해둬야 한다.

루프트 한자Lufthansa

ⓐ **소개**: 루프트 한자 항공은 1926년에 설립되었다. 독일 전역에 허브공항을 두고 있으며, 유럽에서는 두 번째로 큰 항공사이다. 전세계 200여 개 도시에 취항하고 있으며, 오래된 역사를 가진 만큼

회사의 경영이 매우 안정적이며 복지 수준이 높다.

ⓑ **자격 요건 :** 나이 제한 없음, 신장 160㎝ 이상, 영어 실력 필수

ⓒ **채용 절차 :** 서류전형 ⋯▶ 1차 그룹 면접 ⋯▶ 2차 그룹 면접 ⋯▶ 최종 면접

ⓓ **채용 시기 :** 한국에서 채용은 빈번하지 않은 편이다. 한국인 승무원 수요가 있을 시에만 채용한다. 주로 3~4년 사이 한 번 채용이 이루어진다.

ⓔ **면접 특이사항 :** 유럽에 거주하는 한국인을 먼저 채용한다. 그래도 인원이 충족되지 않을 때는 한국에서 추가로 채용을 진행한다. 이때 산업인력공단을 통해 공채를 진행하는데 공인 영어 점수가 서류 통과에 결정적인 역할을 한다. 서류 합격자들의 토익 성적은 900점 이상인 경우가 대부분이다. 1차 면접에서는 면접관이 한국어로도 질문하므로 한국어로 면접 준비를 해두는 것이 좋다.

KLM 항공KLM Royal Dutch Airlines

ⓐ **소개 :** KLM은 네덜란드 국적기며, 암스테르담 스키폴 국제공항Amsterdam Airport Schiphop을 허브로 하고 있다. 세계에서 가장 오래된 항공사이며 기내에 승무원이 탑승한 최초 항공사이기도 하다. 2004년에는 에어프랑스와 합병되어 Air france-KLM이 되었다. 2000년 4월부터 서울-암스테르담 노선을 주 5회 운항하고 있다.

ⓑ **자격 요건** : 나이 제한 없음, 전문대졸 이상, 신장 158cm 이상, 서비스 경력자 우대

ⓒ **채용 절차** : 서류전형 ⋯▸ 1차 그룹 면접 ⋯▸ 2차 그룹 면접 ⋯▸ 최종 면접

ⓓ **채용 시기** : 2년마다 채용한다. 한국인 승무원의 수요가 생길 시 추가로 채용하기도 한다.

ⓔ **면접 주의사항** : 타 항공사 경력이 있는 지원자들의 서류 합격률이 높은 곳으로 유명하다. 영어 실력이 상당히 좋아야 한다. 서류전형과 1차 면접은 인터비즈 기관의 대행으로 진행된다. 1차 면접에서는 한국인 면접관이 한국어, 영어 차례대로 질문한다. 이때 외국 항공사 면접이라는 이유로 너무 자유분방한 태도를 보이면 곤란하다. 한국인 승객을 주로 담당하는 승무원을 뽑는 자리이므로 기본적인 면접 예의를 지켜야 한다.

핀에어Finnair

ⓐ **소개** : 핀란드의 항공사이며 헬싱키 공항Helsinki-Vantaa Airport을 허브로 하고 있다. 2006년도에 세계에서 두 번째로 안전한 항공사로 선정되었으며, 2012년에 완전히 민영화되었다.

ⓑ **자격 요건** : 전문대졸 이상, 신장 160~180cm, 시력 0.7 이상, 영어 최상급, 서비스 경력 우대

ⓒ **채용 절차** : 서류전형 ⋯▶ 신장 측정 및 1차 면접 ⋯▶ 수영 테스트 ⋯▶ 최종 면접

ⓓ **채용 시기** : 한국인 승무원 수요가 생길 시에 채용한다.

ⓔ **면접 특이사항** : 한국인 승무원은 인천-헬싱키 노선에서 한국인 승객을 응대한다. 공손하고 격식을 갖춘 지원자를 선호한다. 50m 이상 수영 가능한 자를 뽑는다.

중국, 홍콩 항공사

중국-한국 노선이 늘어나며 한국인 승무원 채용도 함께 증가했다. 중국, 홍콩 항공사 면접에서는 자신의 주장을 내세우기보다 상대방의 말을 잘 듣는다는 인식을 보여주는 것이 좋다. 중국 항공사들은 지원자의 신체 조건과 외모를 중요하게 생각한다. 홍콩 항공사들은 겉으로 보이는 이미지보다 성실한 태도와 인성을 본다.

중국 동방항공 China Eastern Airline

ⓐ **소개** : 1995년에 설립되었다. 상하이에 기반을 두고 있는 중국 주요 항공사 중 하나다. 1992년부터 서울-상하이 구간 비행이 주 7회 운행되고 있다.

ⓑ **자격 요건** : 전문대졸 이상, 신장 162cm 이상

ⓒ **채용 절차** : 서류전형 ⋯⋯▸ 신장 측정 및 1차 그룹 면접 ⋯⋯▸ 2차 그룹 면접_{개별, 공통 질문} ⋯⋯▸ 최종 면접

ⓓ **채용 시기** : 한국인 승무원 수요가 발생할 시 채용이 진행된다.

ⓔ **면접 특이사항** : 중국어 잘 하는 지원자를 선호한다. 하지만 동방 항공사에 어울리는 이미지라면 중국어 실력이 부족해도 합격하기도 한다. 면접에서 흉터 및 피부 검사를 하므로 피부 관리에 노력을 기울여야 한다.

중국 남방항공 China Southern Airline

ⓐ **소개** : 중국 남방항공은 1988년에 설립되었으며 광저우를 베이스로 한다. 노선은 광둥성, 광저우를 중심으로 전 세계에 취항하고 있다. 한국에는 서울, 대구, 제주, 부산 노선을 운행한다.

ⓑ **자격 요건** : 전문대 및 4년제 이상 졸업자, 신장 163~175cm

ⓒ **채용 절차** : 서류전형 ⋯⋯▸ 1차 면접_{이미지 체크} ⋯⋯▸ 2차 그룹 면접 ⋯⋯▸ 최종 면접

ⓓ **채용 시기** : 1~2년마다 채용한다.

ⓔ **면접 특이사항** : 중국어 잘하는 지원자를 선호한다. 지원자의 영어 실력보다 이미지를 많이 보는 항공사이다. 짙은 메이크업은 피하며 깨끗한 피부를 최대한 강조하는 편이 좋다. 중국 문화와 언어를 잘 받아들이고 배워갈 의지를 보이는 지원자라면 좋은 결과

를 거둘 수 있다.

마카오 항공Air Macau

ⓐ **소개** : 1994년에 설립되어 마카오를 베이스로 하는 항공사이다. 마카오 국제공항Macau International Airport을 허브로 하고 있다. 주로 중국과 동남아를 취항하고 있으며 한국과 일본노선이 증가함에 따라 한국인 승무원 채용도 활발한 편이다.

ⓑ **자격 요건** : 전문대졸 이상, 신장 158cm 이상

ⓒ **채용 절차** : 서류전형ANC 학원 대행 ⋯▶ 1차 그룹 면접ANC 학원 대행 ⋯▶ 2차 그룹 면접ANC 학원 대행 ⋯▶ 3차 그룹 면접현지 면접관 ⋯▶ 4차 필기시험 및 그룹 디스커션현지 면접관 ⋯▶ 최종 면접현지 면접관

ⓓ **채용 시기** : 정해진 시기는 없으나 1년에 두 번 정도 채용한다.

ⓔ **면접 특이사항** : 중국어가 가능한 지원자에게 많은 가산점이 부여된다. 일본어 가능한 지원자도 선호한다. 일본어 가능한 지원자만 모아서 따로 면접을 본 사례가 있다. 제2외국어를 못하더라도 앞으로 배울 의지가 있다는 것을 보여주면 된다.

캐세이퍼시픽 항공Cathay Pacific

ⓐ **소개** : 1946년에 설립되어 홍콩이 베이스이다. 아시아의 항공사 중 최상의 서비스를 제공하는 항공사로 알려져 있다.

ⓑ **자격 요건** : 고졸 이상, 나이 제한 없음, 암리치 208cm 이상

ⓒ **채용 절차** : 서류전형 ⋯➔ 1차 그룹 면접 ⋯➔ 2차 그룹 디스커션 ⋯➔ 최종 면접

ⓓ **채용 시기** : 한국인 승무원 수요가 발생 시 채용한다. 최근 한국인 승무원의 채용이 빈번하지 않은 편이다.

ⓔ **면접 특이사항** : 대행사 없이 한국에서 직접 공채를 진행하는 항공사이다. 그룹 토의 전형에서 자신의 의견을 내세우기보다 다른 참가자들의 의견을 경청하는 태도를 보여주는 것이 매우 중요하다. 직원의 개성을 존중해주는 회사이므로 지원자는 본인에게 어울리는 의상과 메이크업으로 참여하면 된다.

동남아 항공사

동남아 항공사는 고객 만족을 최우선으로 하므로 투철한 서비스 정신과 공손한 태도를 갖춘 지원자를 선호한다. 다른 지역의 항공사에 비교해 나이 어린 지원자가 합격하는 경우가 많다.

싱가포르 항공Singapore Airlines

ⓐ **소개** : 1972년 말레이시아 항공에서 싱가포르 항공으로 분리되었다. 싱가포르 창이 국제공항Chagi International Airport을 허브공항으

로 한다. 기내식 서비스를 처음 도입한 항공사로 유명하다.

ⓑ **자격 요건** : 4년제 이상 졸업자, 신장 158cm 이상

ⓒ **채용 절차** : 서류전형 ⋯▶ 그룹 면접 ⋯▶ 에세이 전형 ⋯▶ 암리치 측정, 그룹 면접 ⋯▶ 영어 필기시험 ⋯▶ 최종 면접

ⓓ **채용 시기** : 1~2년에 한 번씩 한국인 승무원을 채용한다.

ⓔ **면접 특이사항** : 지원자들은 최종 면접에서 항공사 유니폼을 입는다. 싱가포르 항공 유니폼은 몸매가 드러날 정도로 타이트하다. 따라서 신체가 마르고 체구가 작은 지원자를 선호한다.

베트남 항공Vietnam Airlines

ⓐ **소개** : 1956년 설립. 베트남 민간항공Vietnam Civil Aviation에서 출발했으며 1989년 4월에 민영 기업에서 국영 기업으로 바뀌었다. 2000년대 들어 베트남 경제가 발전하면서 함께 성장했다. 동남아시아 항공사 중 유일하게 스카이팀에 합류한 항공사이다.

ⓑ **자격 요건** : 전문대졸 이상 및 졸업 예정자, 신장 160cm 이상, 교정시력 1.0 이상

ⓒ **채용 절차** : 서류전형 ⋯▶ 1차 면접한국인 면접관 ⋯▶ 2차 면접현지 면접관 ⋯▶ 3차 그룹 면접 ⋯▶ 최종 면접

ⓓ **채용 시기** : 한국인 승무원 수요가 생길 시 채용한다.

ⓔ **면접 특이사항** : 1차 면접에서 베트남 항공 한국 지사장이 면접

을 진행하므로 한국어 답변 준비도 해두면 좋다. 지원자의 영어 실력보다는 이미지를 중요하게 생각한다. 따라서 피부 관리와 체중 관리는 해두는 편이 좋다.

타이항공Thai Airways

ⓐ **소개 :** 1960년 설립되었으며 태국의 국적 항공기이다. 방콕 수완나품 국제공항Suvarnabhumi International Airport을 허브로 하고 있다. 아시아 지역 항공사 중 처음으로 런던 히드로 공항London Heathrow Airport에 취항했다. 한국과 태국의 항공협정을 통해 1968년부터 서울 운항을 시작했다.

ⓑ **자격 요건 :** 4년제 이상 졸업자, 신장 160cm 이상, 50m 이상 수영 가능한 자

ⓒ **채용 절차 :** 서류전형 및 대행사 1차 면접 ⋯▸ 필기시험 및 신장, 체중 측정 ⋯▸ 개별 면접 ⋯▸ 수영 테스트

ⓓ**채용시기 :** 한국인 승무원 수요가 발생할 경우 채용을 진행한다.

ⓔ **면접 특이사항 :** 한국 노선에 탑승할 승무원을 뽑는 것이므로 영어뿐만 아니라 한국어 면접의 비중도 매우 크다. 체중 측정과 사진 촬영이 면접에 포함된다. 체구가 작고 마른 체형의 지원자가 유리하다.

외국 항공사
합격 사례

외국 항공사 합격 사례를 소개한다. 항공사 별로 면접 전형이 다르고 분위기도 다양하다. 실제 합격자들이 전해주는 면접 이야기를 통해서 면접 주의사항 및 합격 팁을 알아보자.

조수연_에어마카오 합격

① 1차 대행학원 면접

지원자는 약 4,000명 정도였습니다. 10명의 지원자가 면접실에 들어가면 그룹 디스커션과 개별 질문이 진행되었습니다. 디스커션 주제는 'advantages and disadvantages of cabin crew'이었습니다. 평소에 승무원이라는 직업에 대해 이해를 잘하고 있는 지원자라면 차분히 대답할 수 있는 주제였습니다. 개별 질문은 다양한 주제로 나왔는데, 아직 대학생인 지원자는 학교 생활과 전공에 대해 질문을 받았고, 직장인 지원자는 현재 하는 일에 관한 질문을 받았습니다.

② 2차 대행학원 면접

6명의 지원자가 한 조를 이루어 면접을 봤습니다. 자기소개를 차례대로 한 후 면접관께서 이력서를 보고 개별 질문을 했습니다. 제가 받은 질문은 에어마카오에 대해 아는 것을 말해보기였습니다. 평소에 이 항공사에 관심을 갖고 준비를 했던 저는 자신 있게 대답할 수 있었습니다. 항공사 홈페이지에서 본 새로운 소식도 함께 언급했습니다.

③ 본사 1차 면접

지원자 10명이 한 조로 이루어져 debate를 진행했습니다. 저희 조가 받은 주제는 'money can buy happiness'였습니다. 저는 제 의견을 내세우기보다는 다른 지원자의 말을 경청하고 그 말에 호응하기도 했습니다. 평소에도 사람들의 말을 잘 듣는 편이기에 그런 부분을 면접에서도 보여주려고 노력했습니다. 모든 지원자가 자유롭게 의견을 내며 debate를 마쳤고, 그 후에 짧게 장기자랑을 보이는 시간을 가졌습니다. 어떤 지원자는 면접관으로부터 개별 질문도 받았지만 저는 받지 못했습니다. 그렇게 1차 면접이 끝나고, 면접관의 관심을 받지 못한 것 같은 생각에 걱정했습니다. 하지만 결과는 합격이었습니다. 개별 질문을 받고 안 받고는 합격과 큰 상관이 없다는 것을 알았습니다.

④ 본시 2차 면접

이튿날 오전 영어 필기시험이 진행되었습니다. 독해, 문법에 관련된 다양한 문제가 출제되었습니다. 그 밖에도 시차 계산하기, 환율 문제 등이 있었습니다. 파트 타임 영어 강사로 일했던 저는 평소에 영어를 꾸준히 접했기에 필기시험이 어렵지 않았습니다. 필기시험에서는 지원자 모두 통과되었습니다. 6명이 한 조를 이루어 최종 면접에 들어갔습니다. 면접관께서 하나의 질문을 주면 지원자가 손을 들어 대답하는 방식으로 진행되었습니다. 사실 저는 손을 들었지만, 발언권을 많이 얻지는 못했습니다. 그래서 면접이 끝나기 전에 면접관께서 회사에 대해 궁금한 점이 있으면 질문하라고 했을 때 '바로 이때다!' 하고 손을 들었습니다. "저는 다양한 사람들을 만나는 것을 좋아합니다. 그래서 제가 입사를 하게 되면 어떤 국적의 동료들과 일할 수 있는지 궁금합니다."라는 질문을 함으로써 해당 항공사에 관한 관심을 보여주었다고 생각합니다.

[합격 Tip]

면접 시 다른 지원자보다 본인이 말할 기회가 많지 않을 수도 있습니다. 면접관의 관심을 끌지 못한 것은 아닐까 하는 생각이 들수도 있습니다. 하지만 차분한 자세로 면접에 집중하며 다른 지원자가 말할 때 경청하는 모습을 보이는 것이 중요합니다. 면접관은 지원자의 이런 모습을 높이 평가합니다. 불리한 상황에서도 자신의 역할에 최선을 다하는 지원자라는 점을 어필한다면 면접에서 좋은 결과를 기대할 수 있습니다.

이현지_뱀부항공 합격

① 서류 접수

뱀부항공은 베트남 신생 항공사이기에 알려진 정보가 많이 없습니다. 항공사 사이트를 통해 오픈 데이 면접 일정을 직접 확인해야합니다. 인터넷으로 서류 접수를 하고 면접을 보러 와도 좋다는 초대장을 받아야만 면접을 볼 수 있습니다. 접수할 때 필요한 서류는 영문 이력서, 여권 사진, 전신 사진 등이 있습니다.

② 오픈 데이 1차 면접

저는 베트남 하노이에서 면접을 보았습니다. 총 2명의 면접관이었고, 객실 매니저와 인사관리팀 직원이었습니다. 1차 면접이 시작되자 회사 관련 영상을 시청했습니다. 그런 다음 키와 몸무게를 측정했습니다. 신체 측정이 끝난 후 개별 면접이 시작되었는데 약 10분 정도 소요됐습니다. 질문의 수준은 어렵지 않았지만, 압박 질문이 많았습니다. 자신의 단점에 대해 말해보라는 질문에 저는 거절을 잘 못하는 성격이라고 얘기했습니다. 그러자 면접관이 "제가 보기엔 당신의 단점은 낮은 자신감이라고 생각하는데, 본인은 어떻게 생각하세요?"라고 물었습니다. 전혀 예상치 못했던 것을 질문해 시 당황했지만, 차분하게 제 생각을 전달했습니다.

③ 오픈 데이 2차 면접

임원 면접관이 2차 전형을 진행했습니다. 이력서 위주로 질문을 했고 주로 자기소개, 현재 일하는 직장에서의 즐거운 점, 왜 승무원 이 되고 싶은지, 뱀부항공에 지원하는 이유에 관하여 물어보았습니다. 외국 항공사 지망생이라면 어렵지 않게 대답할 수 있는 질문이었습니다. 면접이 끝나고 약 2주 후에 합격 결과가 나왔습니다.

[합격 Tip]

면접은 평소에 달달 외운 답변을 말하거나 틀에 짜인 답을 말하는 자리가 아닙니다. 자연스럽게 '나'라는 사람을 차분히 말해준다는 생각으로 면접에 임해야 합니다. 특히 압박 질문을 받게 되면 예상치 못한 상황에 당황할 수 있습니다. 만약 외운 답만 얘기하는 지원자라면 이어지는 꼬리 질문에 아무런 대답도 할 수 없게 됩니다. 그럴 경우 좋지 않은 결과만이 기다릴 뿐입니다. 자신의 답변을 중요한 키워드로 정리하는 습관을 들이는 게 좋습니다. 대답할 때 키워드를 떠올리며 말을 이어가는 연습을 한다면 자연스러운 대화 형식의 면접을 이끌 수 있습니다.

최희진_중국 동방항공 합격

① 1차 면접

면접 시작 전, 키와 몸무게를 재고 몸에 흉터가 있는지 체크했습니다. 본격적인 1차 면접이 시작되자 한 사람씩 자기소개를 시작했습니다. 이때 중국어로 유창하게 대답하는 지원자가 많았습니다. 중국어를 잘 하지 못하는 제가 불리한 것은 아닐지 걱정도 되었지만, 영어로라도 최대한 저를 표현하려고 노력했습니다. 자기소개가 끝나자 면접관님이 지원자에게 개별적으로 질문을 했습니다. 저에게 간단한 중국어를 시켰는데, 너무 긴장한 나머지 대답 도중에 실수를 했습니다. 하지만 다시 한 번 기회를 달라고 정중히 부탁드린 다음 차분히 마무리할 수 있었습니다.

② 2차 면접

1차 면접에서처럼 자기소개로 시작을 했습니다. 개별 질문은 '왜 승무원이 되고 싶은지?'를 받았습니다. 평소에 준비해 두었던 답변이었기에 어렵지 않게 대답할 수 있었습니다. 표정도 밝고 자연스럽게 유지하려고 노력했습니다. 이때 면접관께서 대답을 마친 지원자는 뒤로 돌아서 대기하라고 합니다. 뒷모습을 확인하기 위한 절차였습니다. 이는 승무원의 외모와 신체 조건을 중요하게 생각하는 항공사이기 때문에 진행된 것이었습니다. 합격 발표는 바로 현장에서 이루어졌습니다. 2차 전형을 통과한 지원자는 면접관 앞으로 가까이 가서 팔에 흉터가 있는지 다시 한 번 검사했습니다.

③ 3차 면접

3차 면접은 지원자가 항공사 측 직원들에게 궁금한 점을 질문하는 방식으로 진행되었습니다. 면접관님은 뒤에서 지켜보고 있었습니다. 이때 지원자가 질문하고 안 하고는 면접 결과에 크게 영향을 주지 않습니다. 다만 면접관이 지원자들의 태도를 매우 자세히 관찰하고 종이에 무엇인가를 적는 것 같았습니다. 어떤 면접관께서 저를 계속 쳐다보는 것을 느낄 수 있었습니다. 제가 남의 말을 잘 듣고 있는지, 평소 앉은 자세, 표정 등을 평가하는 것이었습니다. 그 순간 초조했지만, 최대한 면접에 집중하려고 노력했습니다.

[합격 Tip]

아시아 지역의 항공사 중에서 특히 중국 쪽은 승무원의 외모와 태도, 신체 조건에 대해 까다로운 편입니다. 따라서 면접관은 여러 단계의 면접을 거쳐 지원자의 이미지를 파악합니다. 체중 조절은 필수이며, 피부 관리에도 신경 써야 합니다. 단, 면접 시 피부 표현을 위해 너무 짙은 화장은 피하도록 합니다. 답변 내용보다는 지원자의 이미지와 태도를 높게 평가하므로 최대한 차분하고 밝은 모습을 보여주어야 합니다. 또한 경청하는 자세를 매우 중요하게 생각하므로 다른 사람이 대답할 때도 집중해서 듣도록 합니다.

박은지_KLM 항공 합격

① 서류전형

서류전형 통과가 가장 어렵다고 소문난 항공사인 만큼 이력서를 꼼꼼하게 작성하였습니다. 이미 한 번 서류전형에서 탈락한 경험이 있기에 자기소개서 내용을 보완함은 물론, 공인 어학 점수를 만들어 이력서를 탄탄하게 만들었습니다.

② 1차 면접

1차 전형은 대행사 면접으로, 한국인 면접관 두 분이 진행하셨습니다. 지원자의 반 정도는 현직이거나 전직 승무원들이었습니다. 4명이 한 조를 이루어 면접을 보았습니다. 2명은 현직이거나 전직 승무원이었고 2명은 타 직종 지원자였습니다. 1차 면접에서 한국어 질문과 영어 질문을 각각 하나씩 받았습니다. 면접관님이 제게 "5천 원짜리 지폐에 나와 있는 인물이 누구인가요?"라며 물어보셨습니다. 승무원 면접과 관련이 없는 주제라서 당황했고 순간 답이 떠오르지 않아 약 3초간의 정적이 흘렀습니다. 아무리 생각해도 정답을 알 수 없어 저는 면접관님께 양해를 구했습니다. 다른 지원자들에게 먼저 기회를 주고 마지막 순서에 제가 다시 대답해도 되겠냐고 여쭈었습니다. 다행히 면접관님이 웃으시며 다른 질문으로 바꿔주셨습니다. 외국인에게 한복을 영어로 설명해보라는 질문도 받았습니다. 말하는 도중에 단어를 틀리기도 했지만 "Excuse me"

라고 말한 다음 다시 대답을 이어갔습니다.

③ 2차 면접 _{현지 면접관}

4명씩 한 조를 이루어 30분간 면접을 보았습니다. 면접관님이 저의 서비스 경험에 관한 질문과 외국에서 공부하게 된 동기를 물어보셨습니다. 꼬리 질문은 따로 없었습니다. 중간에 면접관의 질문을 잘못 알아듣고 다른 대답을 했지만, 면접관께서 친절하게 다시 한 번 친친히 질문을 말해주셨습니다. 하마터면 큰 실수가 될 뻔했던 순간이지만 다행히 면접관께서 저를 좋게 보셨는지 크게 개의치 않으신 것 같습니다. 약 40분 후 합격자 발표를 했습니다.

④ 3차 면접 _{현지 면접관}

KLM 한국 지사의 한국인 면접관과 네덜란드 면접관 한 분이 계셨습니다. 지원자 한 명씩 면접실에 들어가서 약 45분 동안 진행되었습니다. 처음에는 한국어로, 그 후로는 영어로만 진행되었습니다. 면접관께서 제 이력서를 꼼꼼히 보며 서비스직 경력에 대해서 자세히 물어보셨습니다. 특히 실수했던 적, 손님을 화나게 했던 적, 동료와 의견 충돌이 있었는지 등과 같은 부정적인 상황에 관한 질문을 했습니다. 그 상황을 어떻게 해결했는지 차분히 설명하며 그 과정에서 자연스럽게 제 성격의 장점을 드러냈습니다.

[합격 Tip]

유럽 항공사는 면접자의 영어 실력을 크게 평가합니다. 서류전형을 통과하기 위해서 공인 어학 점수를 미리 만들어 놓는 것이 좋습니다. 면접관의 질문에 대답이 전혀 떠오르지 않을 경우에는 당황하지 않고 차분히 대처해야 합니다. 시간이 필요하면 면접관께 양해를 구해서 다른 지원자가 면접을 먼저 보도록 합니다. 이는 타인에게 최대한 피해가지 않도록 하기 위한 것입니다. 최선을 다해서 대답하려는 모습을 보여주는 좋은 방법입니다. 말하다가 실수를 하더라도 당황해하며 웃어넘기기보다는 "Excuse me"라고 인사를 해주는 것이 자신감 있고 매너 있는 지원자의 태도입니다.

백은미_에미레이트 항공 합격

① 1차 면접CV drop

저는 해외 오픈데이를 통해서 면접을 봤습니다. 1차는 CV drop이었는데 제가 받은 질문은 "How are you?"와 "What do you do?"였습니다. 1분도 채 되지 않은 대화를 마치고 면접은 끝이 났습니다. 개인적으로 첫인상이 매우 중요하다는 것을 느꼈습니다. 제가 이력서를 제출하기 위해 걸어 나가는 순간부터 자리에 다시 돌아오는 순간까지 면접관은 저를 계속 관찰하셨습니다.

② 2차 면접

그룹 디스커션이 진행되었습니다. 면접관님이 직업이 적힌 카드를 나눠주고 그 직업에 필요한 자질을 한 사람씩 말해보라고 지시했습니다. 발표가 끝난 다음 이번에는 사물이 적힌 카드를 나눠주었습니다. 각자 가지고 있는 직업과 사물을 연관 지어서 사물을 어떻게 창의적으로 쓸 수 있는지 발표하는 시간을 가졌습니다. 저는 일어서서 "Good morning everyone!" 하며 인사하고 발표를 시작했습니다. 2~3분 내로 제 의견을 명확하게 전달하려고 노력했습니다. 제 의견에 대한 타당한 이유도 덧붙여 설명했습니다.

③ 3차 면접

3차 면접도 그룹 토론으로 진행되었습니다. 이번에는 역할극이었습니다. 면접관이 나눠준 종이에는 지원자들이 해결해야 할 상황이 적혀 있었습니다.

'당신은 호텔 매니저입니다. 현재 오버부킹으로 인해 방이 2개밖에 남지 않았습니다. 8명의 손님 중에 단 2명의 손님만 선택해야 합니다. 8명의 손님은 다음과 같습니다. 파워 블로그, 호텔 사장, 아이의 병원 치료를 위해 머무르려는 가족, 파티를 좋아하는 손님, 잡지 에디터, VIP 손님, 노부부, 신혼여행 부부, 유명 정치인. 2명을 고른 후 그 이유와 나머지 손님들에게는 어떻게 말할 것인지 토론하십시오.'

지원자들은 각자의 아이디어를 제시했습니다. 저희는 공통된 의견이 많은 것을 선별한 뒤 부가적으로 언급하고 싶은 의견들을 덧붙이는 식으로 토론했습니다. 시간 관리가 매우 중요하다고 생각했던 저는 3분 정도 남았을 때 지원자들에게 결론을 정리하자고 제안했습니다.

④ 최종 면접

면접은 40분 정도 소요되었습니다. 면접관은 제 이력서를 보시고 매우 꼼꼼하게 질문했습니다. 제가 답변할 때마다 "그래서 어떻게 됐어요?" "조금 더 자세히 말해주세요"라는 식으로 꼬리 질문을 많이 했습니다. 거짓말을 하거나 달달 외운 답으로 면접에 임했다면 아마 제대로 면접을 보지 못했을 것입니다.

[합격 Tip]

에미레이트 항공은 토론 주제가 다른 항공사와 비교해서 매우 까다로운 편입니다. 면접관의 말을 정확하게 이해해야 하며, 시간 관리를 잘 해야 합니다. 에미레이트 항공의 인재상인 'Empathy'와 'Flexibility'를 판단하기 위해 롤 플레이역할극 및 상황극 질문을 합니다. 이 전형을 통해 면접관은 지원자가 고객의 상황에 공감하는 능력이 갖추어졌는지, 복잡한 상황에서 융통성 있게 행동하는지 판단합니다. 또한 자연스럽게 대화를 나누는 느낌으로 면접 보는 것이 좋습니다.

문혜지_카타르 항공

① 1차 면접 CV drop

면접관과 1:1로 small talk을 진행하였습니다. 이력서를 내는 동안 면접관께서 "Why do you want to be a flight attendant?"라고 질문하셨습니다. 저는 진정성을 담아 승무원이 되고 싶은 이유를 설명하였고, 면접관님은 저를 계속 응시하시면서 평가하셨습니다. 긴장되었지만 최대한 그 순간에 집중하려고 노력했습니다.

② 2차 면접

암리치를 측정하고 면접관과 small talk을 했습니다. 면접관님이 가까이 다가오셔서 질문하셨고, 피부와 치아를 확인하는 것 같았습니다. 이때 흉터 검사도 함께 진행되었습니다. 매우 꼼꼼하게 체크하므로 평소에 팔과 다리에 상처가 있는지 확인해두는 편이 좋습니다. 암리치는 양발을 까치발로 한 다음 한 팔을 쭉 뻗어 212cm에 닿는지 확인하는데 다른 손으로 벽을 짚으면 안 됩니다.

③ 최종 면접

면접관 두 분과 2:1로 이루어졌습니다. 면접 시간은 약 30분 정도 걸렸던 것 같습니다. 주로 제 이력서에 나온 해외 경험과 서비스 경험에 관해 물어보셨습니다. 중간에 제가 면접관의 말을 이해하지 못해서 "어떤 종류의 ~를 말하는 거예요?"라고 되묻기도 했습니다. 그러자 면접관께서는 알아듣기 쉽게 다른 말로 설명해주셨습니다. 그 후로는 조금 편안하게 대화할 수 있었고, 면접 보는 동안 저는 억지로 미소 짓는 표정을 짓거나 하는 어색한 모습은 보이지 않았습니다. 질문에 따라서 진지한 표정도 짓고 심각한 얼굴을 한 적도 있습니다. 중요한 것은 '나다움, 자연스러움'입니다.

[합격 Tip]

"Be yourself" "Be natural"이 합격 비결입니다. 영어가 완벽하지 않아도 자신을 표현할 수 있는 쉬운 단어로 편안하게 어필한 사례입니다. 면접의 질문 중 특정 단어를 알아듣지 못했는데 솔직하게 '모르면 모른다'라고 인정하고 정중하게 설명을 해달라고 요청하는 것이 좋습니다. 우리는 원어민이 아니므로 모르는 단어나 표현이 있을 수 있습니다. 완벽하지 않아도 됩니다. 주어진 상황에서 최선을 다하는 모습을 보인다면 여러분의 절실함이 충분히 면접관에게 전달될 수 있습니다.

[Q&A] 영어 공부
너무 궁금해요!

Q1. 영어책은 어떤 걸 고르면 될까요?

A. 초급 수준의 학습자는 쉬운 문장이 많은 책이 좋습니다. 일상 표현을 위주로 다룬 회화 책이나 문법 책을 추천합니다. 중급 수준의 학습자는 다양한 주제를 다룬 영어 회화 책으로 공부합니다. 자신이 관심 있는 분야의 주제를 다룬 책도 훌륭한 교재가 됩니다. 고급 수준의 학습자는 원서로 된 소설 책 읽기를 추천합니다.

Input과 Output을 늘리기 위한 영어책 추천

① 《Grammar In Use Intermediate》

영어 문법을 이해하기 쉽게 설명해 놓은 책입니다. 해당 문법을 활용한 예시문이 많아 실생활에 적용해 볼 수 있도록 도와줍니다. 영문판을 보기 어렵다면 한국어판을 보셔도 무방합니다.

②《영어 회화 100일의 기적》

다양한 회화 상황을 통째로 담고 있어 이야기의 흐름을 쉽게 이해할 수 있습니다. 주제에 따라 어떤 대화를 이끌어갈지에 대한 팁을 제공해주는 책입니다.

③ EBS《입이 트이는 영어》

EBS에서 발행하는 월간 교재로서 에세이 쓰기나 스피치 공부에 도움을 줄 수 있는 책입니다. 한국에 관련된 다양한 주제를 영어로 쉽게 풀어써 두었고, 영작 연습을 할 수 있는 공간이 따로 마련되어 있습니다. 또한 라디오 방송을 통해 강의도 무료로 들을 수 있습니다.

④《아이작의 테마토크 120》

120가지의 주제에 대해서 영어로 쓴 책입니다. 가족, 색깔, 일상생활, 감정 등 다양한 글 밑에는 회화에 도움이 될 만한 짧은 질문들도 있습니다.

Q2. 쉐도잉은 어떻게 하는 걸까요?

A. 초보자는 짧은 단어와 문장을 위주로 따라 말해봅니다. 처음부터 미국 드라마를 틀어놓고 전체를 쉐도잉하는 것은 무리입니다. 가벼운 인사말이나 감탄사부터 시작해도 좋습니다. 중요한 것은 원어민의 발음, 표정, 호흡, 억양, 리듬을 단 하나라도 놓치지 않

고 똑같이 흉내 내는 것입니다. 중급자는 다양한 자료로 쉐도잉을 할 수 있습니다. 일상표현이 많이 나오는 유튜브 영상을 활용하거나 일상 소재를 다룬 영화나 드라마를 고르면 됩니다. 단, 재미있는 것으로 선택해야 합니다. 등장하는 인물 중에서 자신이 마음에 드는 사람을 한 사람 골라서 집중적으로 따라 해봅니다. 고급자는 어휘의 범위를 확장하고 표현력을 넓히는 것이 목표입니다. 따라서 강연 영상이나 다큐멘터리, 영화 등을 적절히 활용하면 좋습니다.

영어 공부에 도움이 되는 영화 추천

(1) 애니메이션
① Inside Out(인사이드 아웃)
② Shrek(슈렉)
③ The Secret Life of Pets(마이펫의 이중생활)
④ Tangled(라푼젤)

(2) 시트콤
① Modern Family(모던 패밀리)
② How I met your mother(내가 그녀를 만났을 때)
③ Sex and the City(섹스 앤 더 시티)

Q3. 쉐도잉할 때 안 들리는 부분은 어떻게 하나요?

A. 듣다가 안 들리는 부분은 일단 넘기고 들리는 부분만 쉐도잉합니다. 이때 대본을 보면 절대로 안 됩니다. 안 들리는 부분을 리듬과 억양, 호흡이라도 비슷하게 따라 한 뒤 대본을 보고 왜 자신이 못 들었는지 분석해봅니다.

(예시)

① "Keep me posted on your progress."라는 문장에서 'posted on'을 못 들었다.

② 일단 들린 대로 문장 전체를 똑같이 쉐도잉한다.

③ 대본을 확인한 후 듣지 못한 이유를 파악한다.

④ 원어민이 'posted on'을 빠르게 발음했기 때문이라는 것을 알아차린다.

⑤ 알아듣지 못한 부분을 직접 정확하게 발음하는 연습을 한다.

Q4. 외운 영어 문장을 어떻게 활용하면 될까요?

문장을 통째로 외울 때는 문법 순서를 떠올리지 않고도 입에서 튀어나올 정도로 연습해야 합니다. 그리고 단어를 바꿔서 새로운 의미의 문장을 만드는 연습을 해봅니다.

(예시)

① A strange thing happened to me this morning

→ A funny thing happened to my family yesterday.

② It was a terrible situation, and I want to forget it.

→ It was a great experience, and I won't forget it.

③ We had a good time while we were there.

→ I had a lot of fun while I was there.

새로 만든 문장을 반복해서 말해보는 연습을 합니다. 보지 않고도 술술 말할 수 있을 때까지 학습합니다.

Q5. 영어로 단어가 생각나지 않을 때는 어떻게 하죠?

A. 제가 추천해드리는 방법은 사전을 찾기보다 직접 영어로 단어를 정의해 보는 것입니다. 영어 사전을 찾으면 시간을 단축하고 편리하다는 장점이 있습니다. 하지만 기억에 오래 남지 않는다는 단점을 가지고 있습니다. 언젠가 같은 단어를 다시 말할 기회가 와도 사전을 이용하게 됩니다. 즉, 이러한 과정을 여러 번 반복해야 해당 단어를 기억할 수 있게 됩니다. 그렇기에 말하고자 하는 단어를 쉬운 표현이나 자신이 알고 있는 단어를 이용해서 설명해보는 방법을 추천합니다. 그런 다음에 사전을 찾아도 늦지 않습니다.

(예시)

① a merry-go-round: It is one of rides and a circular structure with seats that children sit. The seats are in the shape of animals.

② sun flower: It is a very tall plant with yellow flowers.
The oil from this plant is used for cooking.

Q6. 영어로 일상을 표현하라고 하셨는데 영어 일기 쓰는 것도 좋은 방법인가요?

A. 영어로 일기를 쓰는 것은 자신의 일과와 생각을 영어로 정리하는 것이기 때문에 효과적인 영어 공부 방법의 하나입니다. 영어로 문장을 쓰는 것이 힘들다면 하루를 요약할 수 있는 간단한 단어 몇 개만이라도 써봅니다. 일기를 쓰는 양은 자신이 정한 하루 영어 학습시간에 맞춰서 정하면 됩니다.

(간단한 영어 일기 예시)

Aug, 4th, 2019

My mom visited me today. I was really happy to see her. She and I went to a department store located in Pangyo. We took a bus and it took around 20 minutes to get there. The department store was awesome because there were a lot of shops and restaurant. We had a good time there.

Q7. 외국인 친구를 만나면 무슨 말로 대화를 시작해야 할지 모르겠어요.

A. 외국인 친구와 대화하는 것은 절대로 어렵지 않습니다. 여러분이 친구들과 일상 대화를 나누듯 편하게 이야기한다고 생각하면 됩니다. 외국인 친구의 나라에 대해 궁금한 점을 질문해도 좋습니다. 예를 들어 그 나라의 날씨나 유명한 음식은 무엇인지, 친구가 한국에 온 이유는 무엇인지에 대한 질문을 해보는 것은 어떨까요?

외국인 친구에게 물어볼 수 있는 질문

① How long have you been in Korea?

한국에 오신지는 얼마나 됐나요?

② How do you spend your spare time?

시간이 생기면 뭐하면서 보내세요?

③ Tell me about your hometown. What is it famous for?

고향에 대해서 얘기해주세요. 거기선 뭐가 유명해요?

④ What is your favorite Korean food?

가장 좋아하는 한국 음식이 뭐에요?

⑤ What was interesting to you in Korea?

한국에서 흥미로웠던 점은 뭐에요?

Q8. 현재 직장을 다니고 있어서 영어 공부할 시간이 주말밖에 없어요.

A. 영어 공부는 한 번에 몰아서 하면 비효율적입니다. 하루에 4시간 공부하는 것보다 매일 10분씩이라도 꾸준히 하는 편이 좋습니다. 영어는 하루만 공부해서 늘지 않습니다. 반복적인 학습을 통해서 실력이 향상됩니다. 즉, 바쁘더라도 자투리 시간을 활용하라는 말입니다. 틈새 시간 활용 능력이 영어 회화의 성공 여부를 결정합니다. 자투리 시간을 활용하는 방법을 소개해보겠습니다.

① **기상 후 10분**

아침 출근하기 전 10분 동안 그날 외울 회화 책을 읽습니다. 입으로 크게 소리 내어 정확히 발음해봅니다.

② **대중교통 출근 시간 20~30분**

스마트 폰으로 동영상 강의나 영어 라디오 방송을 듣습니다. 영어 공부에 유익한 앱을 통해서 영어 공부를 하는 방법도 있습니다. 출퇴근 시간을 지겹지 않게 보낼 수 있습니다.

③ **역에서 회사까지 걷는 시간 10분**

걷는 동안에는 전날 외운 문장들을 녹음해둔 파일을 듣습니다. 소리를 내서 따라 해봅니다.

④ **잠들기 전 20분**

그날 외울 분량 중 나머지 부분을 다 외웁니다. 책을 보지 않고도 말할 수 있을 때까지 연습합니다.

Q9. 영어 공부에 도움되는 앱이 있을까요?

A. 요즘 정보화 시대인 만큼 영어 공부에 관한 유용한 정보가 정말 많습니다. 책뿐만 아니라 라디오 방송, SNS, 유튜브, 앱 등 다양한 매체를 통해서 공부할 수 있습니다. 영어 회화에 도움이 되는 앱 몇 가지를 소개해보겠습니다.

① Arirang Radio

아리랑 TV에서 제공하는 라디오 앱입니다. 한국에 관련된 주제로 방송을 하므로 흥미로운 내용이 많습니다. 대중교통을 이용하거나 걸으며 이동 중에 듣기 유용합니다.

② TED

다양한 강연 영상을 볼 수 있으며 자막도 제공됩니다. 학습 수준에 따라 자막을 끄거나 켭니다. 청해 실력을 기르는 데 큰 도움을 줍니다.

③ 튜터링

전화 영어 및 다양한 커리큘럼을 제공합니다. 강사의 이력을 확인할 수 있으며 학습자의 시간에 맞게 수업을 진행할 수 있습니다. 먼저 레벨 테스트를 한 다음, 본인의 수준에 맞게 커리큘럼이 제공됩니다.

④ Cake

학습자가 공부하는 영어 표현이 포함된 동영상을 유튜브나 다양한 사이트에서 찾아와 자료를 제공합니다. 예를 들어 '혹시'라는 뜻의 "By any chance"를 공부했다면 이 표현이 들어간 동영상 여러 개를 찾아줍니다. 여러 상황에서 이 표현이 어떻게 쓰이는지 파악하고 뉘앙스를 익히는 데 도움이 됩니다.

⑤ Hello talk

원어민과 직접 대화할 용기가 없는 학습자들에게 추천합니다. 한국에 살거나 한국에 관심 있는 외국인들이 모여 있는 공간으로 마음에 드는 친구와 채팅을 할 수 있습니다. 소셜미디어 페이스북과 같다고 생각하면 됩니다. 모르는 영어 표현을 한국어로 글을 남기면 외국 친구들이 영어로 댓글을 달아줍니다. 또한, 한국을 좋아하는 전 세계 외국인이 있는 곳이므로 영어뿐만 아니라 다른 언어도 배울 수 있는 장점이 있습니다.

Q10. 영어로 길게 말하고 싶은데 어떻게 하면 좋을까요?

영어 실력이 부족해서 길게 말하지 못하는 것이 아닙니다. 이는 유창성이 문제입니다. 영어로 길게 말을 하지 못하는 사람은 한국말도 길게 하지 못합니다. 그 주제에 대한 말할 거리가 없기 때문입니다. 이런 분들에게는 평소에 주제별로 말할 키워드를 정리해

두는 습관을 길러보는 방법을 추천합니다.

주제 ① Hobby

키워드: book, novel, interesting, yoga, health, relieve stress, jog, refreshed

주제 ② Movie

키워드: Action, interesting, favorite, Ion man, powerful, exciting

주제 ③ Restaurant

키워드: Italian, go every weekend, famous, always full, favorite, pizza, recommend

키워드를 정리했다면, 이 단어들을 보고 자연스럽게 영어로 말해보는 연습을 해봅니다. 쉬운 영어 표현으로도 충분히 유창하고 길게 말할 수 있습니다.

영알못,
외항사 승무원 & 1등 영어강사 된
공부법

1판 1쇄 인쇄 2019년 11월 15일
1판 1쇄 발행 2019년 11월 22일

지은이 장정아
펴낸이 장선희

펴낸곳 서사원
등록 제2018-000296호

주소 서울시 마포구 월드컵북로400 문화콘텐츠센터 5층 22호
전화 02-898-8778
팩스 02-6008-1673
전자우편 seosawon@naver.com
블로그 blog.naver.com/seosawon
페이스북 @seosawon **인스타그램** @seosawon

홍보총괄 이영철 **마케팅** 이정태 **디자인** 김이지

ⓒ 장정아, 2019

ISBN 979-11-90179-09-6 03320

이 도서의 국립중앙도서관 출판예정도서목록(CIP)은 서지정보유통지원시스템 홈페이지
(http://seoji.nl.go.kr)와 국가자료종합목록시스템(http://www.nl.go.kr/kolisnet)에서
이용하실 수 있습니다.(CIP제어번호 : CIP2019044513)